**BIBLIOTHÈQUE
D'AVENTURES ET DE VOYAGES
A 2 FRANCS LE VOLUME
2.25 CARTONNÉ**

LETTRES
DE
FERNAND CORTEZ
A CHARLES-QUINT
SUR LA CONQUÊTE DU MEXIQUE
COMPLÉTÉES PAR LES RÉCITS D'ANTOINE DE SOLIS
collationnées sur les textes

Réduites et annotées
PAR M. VALLÉE
De la Bibliothèque nationale

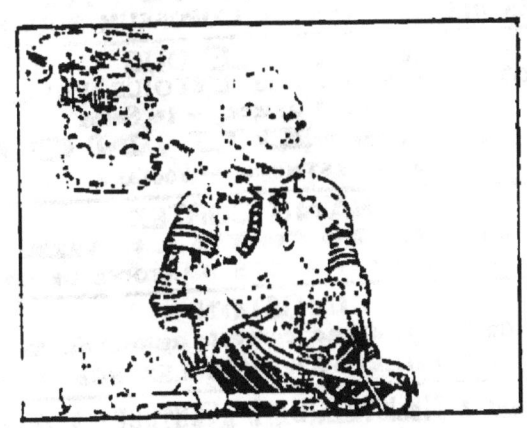

BIBLIOTHÈQUE D'AVENTURES ET DE VOYAGES
à 2 francs le volume
(Format in-18 jésus de 280 à 300 pages.)

H. M. STANLEY
LETTRES DE H.-M. STANLEY
RACONTANT SES VOYAGES, SES AVENTURES ET SES DÉCOUVERTES
A travers l'Afrique équatoriale.

EUGÈNE MULLER
UN FRANÇAIS EN SIBÉRIE
AVENTURES DU COMTE DE MONTLUC

ARMAND DUBARRY
SIX AVENTURES TURQUES

GABRIEL FERRY
LES AVENTURES DU CAPITAINE RUPERTO CASTAÑOS AU MEXIQUE

MARCO POLO
LES RÉCITS DE MARCO POLO
(Citoyen de Venise)
SUR LA MONGOLIE, LA CHINE, L'INDE, ETC.
Tirés de son *Livre des Merveilles*, manusc. du XIIIᵉ siéc., mis en langage mod.

LOUIS JACOLLIOT
LE CRIME DE PITCAIRN
TAITI, SOUVENIRS DE VOYAGES EN OCÉANIE

H. DE LA BLANCHÈRE
LE CLUB DES TOQUÉS
AVENTURES SOUS-MARINES, SUBLUNAIRES ET AUTRES

LE PAYS OÙ L'ON SE BATTRA
VOYAGE D'UN RUSSE DANS L'ASIE CENTRALE, PAR KARAZINE
Traduit du russe par Tatania Lwoff et Auguste Teste

LOUIS BOUSSENARD
A TRAVERS L'AUSTRALIE
LES DIX MILLIONS DE L'OPOSSUM ROUGE

LÉOUZON LE DUC
VINGT-NEUF ANS SOUS L'ÉTOILE POLAIRE
Souvenirs de Voyages. — 1ʳᵉ Série.
L'OURS DU NORD
RUSSIE — ESTHONIE — NOGLAND

FERNAND CORTEZ
LETTRES DE FERNAND CORTEZ A CHARLES QUINT
COMPLÉTÉES PAR LES RÉCITS D'ANTOINE DE SOLIS

KINGSTON
Auteur du *Voyage d'une corvette autour du monde*,
AVENTURES PÉRILLEUSES CHEZ LES PEAUX ROUGES

Il paraîtra dans la BIBLIOTHÈQUE D'AVENTURES & de VOYAGES
un volume nouveau tous les mois.

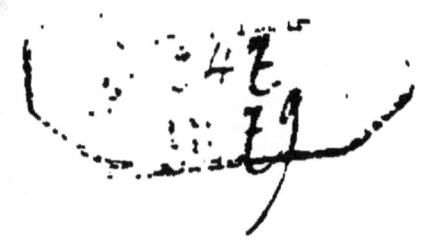

LETTRES

DE

FERNAND CORTÈS

A

CHARLES-QUINT

FERNAND CORTÈS

D'après le *Portrait original* conservé dans l'hôpital de la Purísima Concepción de Jésus, à Mexico.

FERNAND CORTÈS

LETTRES

DE

FERNAND CORTÈS

A CHARLES-QUINT

Complétées par les Récits

DE ANTOINE DE SOLIS

Réduites et annotées par VALLÉE (de la Bibliothèque nationale)

PARIS
MAURICE DREYFOUS, ÉDITEUR
13, FAUBOURG-MONTMARTRE, 13

1879

PRÉFACE

La conquête du Mexique par Fernand Cortès fut, sans contredit, l'un des événements les plus curieux du seizième siècle ; malheureusement elle a été défigurée par la plupart des historiens qui s'en sont occupés, et, pour savoir la vérité sur cette épopée, il faut s'en tenir à la propre correspondance de Cortès.

C'est cette dernière que nous publions ici :

Les lettres de Cortès sont, à proprement parler, des rapports militaires et le récit d'un général en chef à son souverain. Elles ont, par leur allure martiale, une vie, un mouvement, une personnalité que les narrateurs de seconde main ne retrouvent jamais ; elles ont l'éloquence et la puissante autorité des documents authentiques. Mais elles ont aussi les défauts de leurs qualités. A plus de trois siècles de distance, la valeur des faits se déplace. En dehors des historiens de profession, nul n'a besoin de posséder certains détails, et tels d'entre eux qui étaient du plus haut intérêt pour les contemporains, ont perdu toute valeur pour la postérité. Certains faits, que Cortès signale, étaient destinés à établir les états de service des officiers que l'empereur avait mis sous son commandement. D'autres donnaient par le menu la série de petits combats qui se ressemblent tous par le fond et par la forme; il fallait que le général donnât en détail l'emploi de son temps, de ses troupes, de ses moyens d'action, montrât les uns après les autres tous les obstacles surmontés, marquât chaque pas de sa marche à travers le Mexique.

Ces récits détaillés ne nous semblent plus aujourd'hui qu'une série de redites, et, pour en éviter la fatigue au lecteur, pour ne pas arrêter l'intérêt de l'action, nous les avons, tout en les conservant, soulagé de ce qu'ils pouvaient avoir de fastidieux. On trouvera donc ici, toute la substance des lettres de Cortès, on en trouvera le texte lui-même; la seule différence qui existe, sous ce rapport, entre le livre que nous présentons aujourd'hui au public et l'édition de 1778, consiste en ceci: nous avons dégagé le récit de Cortès, des détails qui, sans ajouter rien aux renseignements intéressants qui s'y trouvent, ne pouvaient que l'encombrer.

Nous ne nous en sommes pas tenus là ; nous avons consulté les divers documents anciens et récents qui ont trait à la conquête du Mexique et notamment l'*Histoire de la Conquête du Mexique*, par Solis, écrivain espagnol, qui, comme chacun sait, fut nommé historiographe des Indes par Philippe IV, et dont le travail est encore de nos jours le monument le plus complet de cette très curieuse expédition. C'est ce qui nous a décidé à emprunter à Solis tous les faits dont Cortès avait été le témoin et que la nature de sa mission devait exclure de ses rapports à l'empereur. Nous avons ainsi placé à côté du récit officiel que nous tenons directement de Cortès tout ce qui pouvait en augmenter l'intérêt et le piquant : anecdotes, détails de mœurs, etc.

Nous avons cru donner ainsi au livre, à côté de l'autorité d'un document, le charme d'un récit d'aventures et de relation de voyage.

Il nous semble que c'est ainsi qu'un homme qui aurait accompagné Cortès, eût aimé à lire les lettres de son général mêlées à ses souvenirs personnels.

Disons enfin que nous n'avons commencé à donner le texte même de la correspondance de

Cortès qu'à la seconde lettre, la première étant consacrée au récit des événements qui se succédèrent jusqu'au jour où commence réellement la conquête du Mexique.

LETTRES
DE
FERNAND CORTÈS
A CHARLES-QUINT

CHAPITRE PRÉLIMINAIRE

VIE DE FERNAND CORTÈS

Voici en quels termes Antoine de Solis résume la vie de Fernand Cortès :

Cortès naquit à Medellin, ville de l'Estramadure, de Martin Cortès de Monroy et de Catherine Pizarre Altamirano. En sa première jeunesse, il s'appliqua à l'étude des belles-lettres et suivit pendant deux ans les cours professés à Salamanque. Ce temps lui suffit pour reconnaître qu'il forçait son inclination naturelle. Il revint donc chez son père, résolu de suivre la profession des armes; ses parents l'envoyèrent alors en Italie où le nom de Gonzalve de Cordoue suffisait pour donner de la réputation à ceux qui servaient sous lui. Il allait s'embarquer quand il fut attaqué d'une longue et dangereuse maladie qui lui fit changer de dessein, mais non de profession. Il résolut donc de passer aux Indes. Ses parents ayant approuvé sa résolution, il partit en 1504 avec des lettres de recommandation pour son parent Dom Nicolas d'Obando, gouverneur de l'île Saint-Domingue. Cette île étant entièrement soumise, Cortès demanda un congé pour aller servir à Cuba où la guerre durait encore. Il ne tarda pas à se distinguer par son courage et sa prudence et acquit bientôt la qualité de brave soldat et de bon capitaine. Cortès était bien fait de sa personne, d'une physionomie agréable, et ce bel extérieur était soutenu par d'autres qualités qui le rendaient encore plus aimable. Il parlait toujours bien des absents : sa conversation était sage et enjouée, et sa générosité si grande, que ses compagnons n'avaient pas moins de part que lui en tout ce qu'il possédait, sans souffrir qu'ils publiassent ses bienfaits comme des obligations. Il épousa dans cette île Catherine Suarez Pacheco, demoiselle d'une illustre extraction et d'une haute vertu. La recherche de cette fille lui fit plusieurs affaires, où Diego Velasquez se trouva mêlé, et le fit mettre en prison jusqu'à ce que l'accord étant fait, tant avec le gouverneur qu'avec les parents de la demoiselle, Velasquez lui servit de parrain ; et ils lièrent une amitié si forte, qu'elle allait jusqu'à la familiarité. Le gouverneur lui donna un département d'Indiens et la charge de juge royal en la ville de Saint-Jacques. Cet emploi, qui ne s'accordait qu'à des personnes distinguées, donnait rang entre les conquérants les plus qualifiés.

Tel était l'état de sa fortune lorsque Amador de Sariz et André de Ducro le proposèrent pour la conquête de la Nouvelle-Espagne. Ils le firent avec tant d'adresse que, quand ils revinrent trouver Velasquez, armés de nouvelles raisons pour le convaincre, ils le trouvèrent entièrement déclaré en faveur de leur ami, et si fort prévenu que Cortès était le seul à qui il pût confier le soin de cette expédition, qu'ils reconnurent qu'ils n'avaient plus rien à faire que d'applaudir à son choix, et qu'il leur aurait obligation d'une chose qu'ils souhaitaient encore plus que lui.

CHAPITRE PREMIER

RÉSUMÉ DES FAITS CONTENUS DANS LA PREMIÈRE LETTRE (1)

Cortès partit donc du port de Saint-Jacques de Cuba, avec sa flotte, le 18 novembre 1518; mais il était à peine au large que ses envieux firent de nouveaux efforts pour réveiller les soupçons du gouverneur qui, cédant à leurs instances, envoya à la Trinité l'ordre de retirer le commandement à Cortès. Mais ce dernier, averti fort à propos de ce contretemps, écrivit à Velasquez une lettre pour se disculper et, mettant les soldats et les capitaines de son côté, résolut de continuer son voyage. Nous ne dirons rien de sa traversée à la Havane, traversée dans laquelle il faillit perdre un de ses vaisseaux qui toucha sur un banc de sable. Son séjour dans cette île n'offre non plus aucun intérêt particulier car Cortès employa son temps à enrôler de nouvelles recrues, à instruire lui-même ses troupes et à réunir les provisions dont il aurait besoin. Le

(1) Voir la Préface.

moment du départ approchait, quand Gaspard de Garnica, envoyé par Velasquez, apporta à Pierre de Barba, gouverneur de la Havane, l'ordre impératif d'ôter à Cortès le commandement de la flotte et de l'envoyer prisonnier à Saint-Jacques. Cortès se voyant perdu sans retour se montra à ses soldats à qui il déclara la nouvelle persécution dont il était menacé. Les esprits s'échauffèrent tellement que Barba ne vit pour les apaiser que le moyen d'écrire à Velasquez : Qu'il n'était pas temps de songer à arrêter Cortès suivi d'un trop grand nombre de soldats, qui ne souffriraient pas qu'on le maltraitât et qui n'étaient pas disposés à lui donner cette marque de leur obéissance.

Cortès ne songea plus alors qu'à mettre à la voile et quitta la Havane le 10 février 1519 avec dix vaisseaux et un brigantin. Après avoir essuyé une violente tempête qui dispersa la flotte, il rallia tout son monde à l'île Cozumel où son lieutenant Alvarado était arrivé deux jours avant lui.

Alvarado était jeune et plein de feu, très brave soldat, et capable d'entreprendre tout sous les ordres d'autrui, mais ayant encore trop peu d'expérience pour en donner de son chef. Il crut qu'en attendant l'armée, il serait honteux à un commandant de rester inactif. Il se mit donc en marche avec sa troupe pour reconnaître le pays. A une lieue de l'endroit où il s'était logé il rencontra un autre village abandonné par ses habitants et y prit des vivres, quelques joyaux, deux Indiens et une Indienne ; puis il se retira dans son premier poste.

Lorsqu'il arriva le lendemain, Cortès, désirant que cette leçon servît d'instruction pour les autres, reprocha en public à Alvarado, et d'un ton de voix ferme et absolu, d'avoir permis à ses soldats de saccager quelques habitations. Puis il fit venir les trois prisonniers et leur fit comprendre qu'il ressentait un extrême déplaisir du tort que les soldats leur avaient fait. Il commanda qu'on rendît l'or et tout ce qu'ils voulurent choisir ; puis il les mit en liberté, après leur avoir fait présent de quelques bagatelles pour leur cacique, afin qu'à la vue de ces témoignages d'amitié, les Indiens perdissent la crainte qu'ils pouvaient avoir conçue.

L'armée campa sur le bord de la mer, et s'y reposa durant trois jours, sans faire aucune démarche, pour ne point augmenter la frayeur des Indiens. Après quoi Cortès ayant fait des bataillons de chaque compagnie, passa une revue générale. Il s'y trouva 508 soldats, 17 chevaux et 109 marins, sans compter deux chapelains.

Cependant quelques Indiens rassurés par l'immobilité des Espagnols, s'approchèrent et arrivèrent insensiblement jusque dans le camp où ils reçurent un accueil amical. Cortès apprit d'eux qu'il y avait trois prisonniers espagnols dans la province d'Iucatan située sur la terre ferme.

Il ordonna aussitôt à Ordaz, de passer avec son

vaisseau et sa compagnie à la côte d'Iucatan, par le trajet le plus proche de l'île de Cozumel, qui était environ de 4 lieues. Ils devaient mettre à terre des Indiens que le cacique avait choisis ; ils portaient des lettres aux prisonniers, et quelques pièces de peu de valeur pour le prix de leur rançon. Ordaz avait ordre de les attendre durant huit jours, délai dans lequel ils avaient promis de rapporter la réponse.

Cependant Cortès marchait avec toute son armée, pour reconnaître cette île. Il avait ordonné qu'aucun soldat ne quittât les rangs, de peur qu'ils ne fissent quelques outrages aux insulaires, s'ils se débandaient.

A peu de distance de la côte était un temple carré, bâti en pierre, et renfermant une idole fort révérée des Indiens. Quand les Espagnols arrivèrent à ce temple, ils y trouvèrent un grand concours d'Indiens, et au milieu d'eux un sacrificateur, dont l'équipage différait de celui des autres, par un ornement ou espèce de couverture qui cachait à peine sa nudité. Il semblait qu'il prêchât, ou qu'il voulût leur persuader quelque chose par des tons de voix ou des gestes ridicules : car il se donnait des airs de prédicateur, avec toute la gravité et l'autorité que peut avoir un homme qui laisse paraître tout ce que la nature même ordonne de cacher. Cortès l'interrompit ; et, se tournant vers le cacique, il lui dit : *Que pour maintenir l'amitié qui était entre*

eux, il fallait qu'il renonçât au culte de ses idoles, af[in]
de persuader la même chose à ses sujets par son exempl[e.]
Après quoi il le tira à part avec son interprète et
lui fit connaître son erreur et la vérité de notre re[li-]
gion, par des arguments sensibles et mis à la po[r-]
tée de son esprit, mais si convainquants, que l'Indie[n]
en fut comme étourdi, et n'osa jamais se hasard[er]
d'y répondre. Il demanda seulement la permissio[n]
de communiquer cette affaire à ses sacrificateur[s]
auxquels il laissait une autorité souveraine de dé[-]
cider en matière de religion. Cette conférence abou[-]
tit à faire venir en présence du général, ce véné[-]
rable prédicateur accompagné d'autres personne[s]
de sa profession, qui criaient tous fort haut ; et ce[s]
cris, traduits par l'interprète, étaient des protesta[-]
tions de la part du ciel, contre ceux qui seraien[t]
assez téméraires pour troubler le culte qu'on ren[-]
dait à leurs dieux ; déclarant qu'on verrait le châ[-]
timent suivre immédiatement cet attentat. Leur[s]
menaces ne firent qu'irriter Cortès ; et les soldat[s]
accoutumés à interpréter les mouvements qu[i]
paraissaient sur son visage, comprirent aussitô[t]
son intention, et se jetèrent sur l'idole avec tant d'a[r-]
deur qu'elle fut mise en pièces en un momen[t]
ainsi qu'une grande quantité de petites statues pla[-]
cées autour d'elle dans des niches. Ce fracas mi[t]
les Indiens en une horrible consternation : mai[s]
quand ils virent que le ciel était fort tranquille, e[t]
que la vengeance promise tardait beaucoup, le res[te]

pect qu'ils avaient pour cette idole se tourna en mépris. Ils se fâchaient de voir leurs dieux si pacifiques ; et cette passion fut le premier effort que la vérité fit dans leurs cœurs. Les autres temples ou chapelles eurent le même destin : et le plus considérable étant nettoyé de tout ce débris de l'idolâtrie, on y éleva un autel, sur lequel on mit une image de la sainte Vierge : et vis-à-vis de l'entrée du temple, Cortès fit dresser une grande croix, qui fut taillée par les charpentiers de la flotte, avec autant de zèle que de diligence. Le lendemain on dit la messe sur cet autel, et le cacique y assista accompagné de ses Indiens, mêlés avec les Espagnols. Ces barbares y parurent tous dans un silence qu'on eût pris pour dévotion.

Cortès occupait ainsi ses soldats, durant les huit jours qu'il avait donnés à Ordaz, pour attendre les Espagnols qui étaient esclaves à Iucatan. Ordaz étant revenu sans nouvelles des prisonniers ni des Indiens envoyés à leur recherche, Cortès reprit la mer, mais dut revenir à l'île après quelques heures de navigation, à cause d'un accident survenu à un vaisseau.

Il allait lever l'ancre quatre jours plus tard quand on signala un canot qui traversait le golfe du Iucatan et revenait droit à l'île. Il ramenait un Espagnol, Jérôme d'Aguilar, qui avait passé huit ans en captivité.

Ce fut le 4 mars 1519 que la flotte quitta l'île pour

la seconde fois et alla mouiller à la rivière de Grijalva. Imitant la conduite de Jean de Grijalva, Cortès fit embarquer sur les chaloupes ses soldats bien armés et s'approcha de terre en ordre serré sans tirer un seul coup. Un nombre infini d'Indiens occupaient avec des canots les deux rives du fleuve et attaquèrent les Espagnols en poussant des cris horribles. Repoussés, ils se retiraient en bon ordre quand ils virent d'Avila se diriger sur Tabasco leur capitale. La retraite se changea alors en fuite. Cortès, arrivé à Tabasco avant d'Avila retardé dans sa marche par des marais, ne laissa pas aux Indiens le temps de se reconnaître et emporta d'assaut la place où il trouva une grande quantité de vivres, mais peu de butin parce que les habitants l'avaient quittée avec leurs familles et leurs meubles. Les Espagnols eurent quinze blessés dans cette affaire, mais on ne put savoir au vrai ceux des Indiens, qui avaient eu bien soin de les retirer, leur plus grand point d'honneur à la guerre étant de ne point donner à leur ennemi de sujet de joie en voyant la perte qu'il leur avait causée.

Le lendemain, comme l'ennemi ne paraissait pas, Cortès envoya deux détachements en reconnaissance. Ils tombèrent dans une embuscade, mais réussirent à regagner le camp avec quelques prisonniers. Cortès apprit par eux qu'il serait attaqué le lendemain par des forces très considérables ; il marcha donc au-devant de l'ennemi qu'il rencontra à une lieue du camp. La lutte fut acharnée, mais la victoire resta au général espagnol, qui fit amener en sa présence deux caciques qu'on avait pris et les mit en liberté après les avoir rassurés. Cette conduite généreuse suffit pour changer les dispositions des indigènes et le cacique de Tabasco vint faire des excuses à Cortès et lui offrit vingt Indiennes comme esclaves. Parmi ces dernières, il s'en trouvait une de condition noble, fort bien faite et d'une beauté qui pouvait passer pour rare. Elle fut baptisée quelque temps après sous le nom de Marine, et nous verrons dans la suite combien elle contribua à la conquête de la Nouvelle-Espagne.

Cependant les pilotes craignaient qu'un retard ne mît la flotte en danger, Cortès, pressé par eux, partit le dimanche des Rameaux et aborda à Saint-Jean-d'Ulua, le jeudi saint à midi. L'ancre était à peine jetée que deux canots montés par des Indiens vinrent de la côte.

Lorsqu'ils furent assez près du vaisseau du général pour s'en faire entendre, ils commencèrent un discours en une langue inconnue à Jérôme d'Aguilar. Cortès se trouva fort embarrassé de voir que son interprète lui manquait, lorsqu'il lui était le plus nécessaire. Ce défaut lui parut un obstacle considérable à ses desseins ; mais Marine n'était pas éloignée de Cortès et d'Aguilar ; et elle reconnut l'embarras où ils étaient par la surprise qui paraissait sur leurs visages. Elle dit à d'Aguilar en la langue d'Iucatan, que ces Indiens parlaient celle du Mexique, et qu'ils demandaient audience au général. Cortès, ayant appris cela d'Aguilar, commanda qu'on les fît monter sur son vaisseau.

Marine était fille du cacique de Guazacoalco, province soumise à l'empereur du Mexique, et voisine de celle de Tabasco. Certains incidents, rapportés diversement par les auteurs, l'avaient fait enlever dès ses premières années, à Xicalango, place forte sur la frontière d'Iucatan, où il y avait alors une garnison de Mexicains. Elle y était élevée dans un état indigne de sa naissance, lorsque, par une nouvelle injure de la fortune, elle devint, par vente ou par conquête, esclave du cacique de Tabasco, qui en fit un présent à Cortès. On parlait à Guazacoalco et à Xicalango la langue générale du Mexique, et à Tabasco celle d'Iucatan, qu'Aguilar savait. Marine parlait l'une et l'autre de ces langues; ainsi elle expliquait aux Indiens en celle du Mexique, ce qu'Aguilar lui faisait entendre en celle d'Iucatan, Cortès étant obligé d'attendre que ses paroles eussent fait ce tour, jusqu'à ce que Marine eût appris le castillan, ce qu'elle fît en peu de jours. Elle avait l'esprit vif, la mémoire heureuse et d'autres bonnes qualités qui marquaient une illustre naissance. Herrera dit qu'elle était née à Xalisco, l'amenant ainsi de fort loin à Tabasco, puisque Xalisco est sur la mer du Sud au fond de la Nouvelle-Galice. Ce fut en cette occasion que Marine commença d'entrer dans la confidence du général, ce à quoi elle appliqua toute l'adresse de son esprit, en lui servant d'interprète avec une fidélité très rare. Il est vrai que Cortès l'y engagea par son intimité puisqu'il eut d'elle un fils nommé Dom Martin Cortès, qui ne laissa pas d'obtenir l'habit de chevalier de Saint-Jacques, en considération de la noblesse de sa mère.

Les Indiens dirent à Cortès qu'ils venaient savoir pour quel motif il mouillait sur ce rivage et lui offrir tout ce qui serait nécessaire pour continuer son voyage.

Cortès leur fit quelques présents et les renvoya satisfaits. L'armée débarqua et construisit un camp, aidée par les indigènes qui apportèrent aussi des vivres par suite de l'étonnement où les avait jetés la nouvelle de l'action de Tabasco. Le jour de Pâques, Teutilé et Pilpatoé, généraux de Montézuma, vinrent de sa part apporter des présents et essayer amicalement de détourner Cortès de l'intention de pénétrer dans l'intérieur des terres ; mais celui-ci répondit avec tant de fierté à leur demande qu'ils n'osèrent rompre avec lui et le prièrent d'attendre une nouvelle réponse de l'empereur.

Ces officiers de Montézuma avaient amené avec eux des peintres mexicains, qui travaillaient durant cet entretien, avec diligence, à représenter les vaisseaux, les soldats, les chevaux, l'artillerie et tout ce qui était dans le camp. Pour cet effet, ils avaient apporté des toiles de coton préparées, où ils traçaient des figures, des paysages et d'autres sujets d'un dessin et d'un coloris qui pouvaient mériter quelque approbation des connaisseurs.

On avertit Cortès du travail de ces peintres. Il sortit pour les voir, et fut surpris de la facilité avec laquelle ils exécutaient leurs dessins. On lui dit qu'ils exprimaient sur ces toiles non seulement les figures, mais encore la conversation qu'il avait eue avec Teutilé, afin que Montézuma fût instruit de tout, et sût en même temps le dessein et les forces de l'armée espagnole. Cortès qui voulait soutenir la fierté qu'il avait témoignée et qui avait l'esprit vif et présent, comprit aussitôt que ces images sans action et sans mouvement donneraient une idée peu avantageuse à ses desseins. Il résolut d'animer la représentation, en faisant faire l'exercice à ses soldats, pour faire paraître leur adresse et leur valeur, et donner en même temps une grande vivacité à la peinture.

Il ordonna donc de prendre les armes, et ayant formé un bataillon et mis toute son artillerie en batterie, il dit aux Mexicains : « Qu'il voulait leur « faire les mêmes honneurs que l'on faisait en son « pays aux personnes de distinction. » Après quoi, étant monté à cheval avec tous les capitaines, il commença par des courses de bagues, puis ayant partagé sa troupe en deux escadrons, ils simulèrent entre eux un combat en caracolant et en exécutant tous les mouvements de la cavalerie. Les Indiens surpris, et comme enlevés hors d'eux-mêmes, regardèrent d'abord avec frayeur la fierté de ces animaux, qui leur paraissaient si terribles : et voyant en même temps leur docilité et ces effets de leur obéissance, qu'ils ne comprenaient pas, ils conclurent que des hommes qui les rendaient si soumis à leurs volontés, avaient quelque chose de surnaturel. Mais quand Cortès ayant donné le signal, les arquebusiers firent deux ou trois décharges, suivies du tonnerre de l'artillerie, la peur fit une si forte impression sur leurs esprits, que quelques-uns de ces Indiens se jetèrent par terre, les autres s'enfuirent, sans savoir où ils allaient ; et les plus assurés cachèrent autant qu'ils purent leur frayeur, sous le masque de l'admiration.

Cortès les rassura bientôt. Il s'approcha d'eux d'un air galant et agréable et leur dit en riant : « Que c'était ainsi que les Espagnols faisaient des « fêtes militaires pour honorer leurs amis. » On vit alors les peintres mexicains inventer de nouvelles figures et de nouveaux caractères, pour donner de nouvelles expressions de ce qu'ils venaient de voir. Les uns dessinaient les soldats armés et rangés en bataille ; les autres peignaient les chevaux dans le mouvement du combat. Ils figuraient un coup de canon par du feu et de la fumée, et même le bruit, par quelque chose qui représentait un éclair, sans oublier aucune de ces terribles circonstances qui pouvaient exciter les soins ou satisfaire la curiosité de leur empereur.

Au bout de sept jours, Teutilé reparut au camp avec un présent porté sur les épaules de cent Indiens. La réponse de Montézuma était défavorable, et, après avoir fait tous ses efforts pour convaincre Cortès, Teutilé voyant avec quelle vivacité et quelle résolution il persistait dans son dessein, se retira en offrant de redoubler ses instances auprès de son souverain.

La seconde nouvelle de la résolution de Cortès, alarma terriblement la cour de Mexico. Montézuma, dans les premiers transports de sa colère, se proposait d'exterminer ces étrangers qui avaient l'insolence de s'opposer à ses volontés : mais après avoir examiné de sang-froid un dessein si violent, ce prince tomba dans un accablement profond ; et la tristesse et l'irrésolution succédèrent à sa colère. Il assembla tous ses ministres et ses parents, et tint avec eux des conseils dont on cachait les délibérations avec beaucoup de mystère. On fit des sacrifices publics dans tous les temples, et le peuple, à son ordinaire, prit l'effroi de cette désolation dans l'esprit du roi et de ceux qui avaient part au gouvernement. De là il passa à des murmures et enfin à des discours trop libres sur la ruine dont l'empire était menacé par des présages qui l'annonçaient, suivant leurs anciennes traditions.

Mais il est temps de faire voir ce qu'était Montézuma, en quel état son empire se trouvait alors et aussi le sujet de ce trouble que la venue des Espagnols jeta dans son esprit et dans celui de ses peuples.

L'empire du Mexique était alors au plus haut point de sa grandeur, puisque toutes les provinces qui avaient été découvertes jusqu'à ce temps-là dans l'Amérique septentrionale, étaient gouvernées par ses ministres ou par des caciques qui lui payaient tribut. Son étendue, du levant au couchant, était de plus de 500 lieues; et sa largeur, du midi au septentrion, s'étendait jusqu'à 200 lieues en quelques endroits. Le pays était fort peuplé, riche partout, et abondait en commodités de toute sorte.

L'empire avait commencé, ainsi que plusieurs autres, sur des fondements peu considérables, et était néanmoins parvenu à cette grandeur en cent trente ans, parce que les Mexicains, adonnés aux armes et portés à faire la guerre par leur inclination, avaient assujetti par force les autres nations qui peuplaient cette partie du nouveau monde. Le premier de leurs capitaines fut un homme très habile et très brave, qui en fit de bons soldats, en leur inspirant la connaissance et l'amour de cette gloire qui s'acquiert par les armes. Depuis, ils élurent un roi et donnèrent l'autorité souveraine à celui qui était estimé le plus vaillant, parce qu'ils ne connaissaient point d'autre vertu que la valeur; ou s'ils en connaissaient quelque autre, ils ne lui accordaient que le second rang. Ils observèrent toujours inviolablement cette coutume de prendre le plus brave pour leur roi, sans avoir égard au droit de succession acquis par la naissance.

Pour s'expliquer l'indécision de Montézuma qui s'était distingué par ses qualités viriles et sa science de général, et qui régnait depuis quatorze ans, il faut connaître les prodiges qui survinrent à cette époque et troublèrent l'esprit de l'empereur.

Lorsque Jean de Grijalva aborda les côtes du Mexique, et que l'on reçut dans la capitale la première connaissance de cette nouveauté, il parut à la fois par tout l'empire tant de prodiges différents, que Montézuma en prévoyant la ruine prochaine et comme assurée, tomba dans un terrible abattement, qui se communiqua bientôt à tous les sujets.

Une effroyable comète parut durant plusieurs nuits, comme une pyramide de feu, commençant à minuit, et s'avançant jusqu'au zénith, où la venue du soleil la faisait disparaître. Elle fut suivie d'une autre comète, ou nuée claire, figurant un serpent de feu à trois têtes, qui se levant en plein jour du lieu où le soleil se couche, courait avec une extrême rapidité jusqu'à l'autre horizon, où elle disparaissait, après avoir marqué la trace de son chemin dans toute cette étendue, par une infinité d'étincelles, qui s'évanouissaient en l'air.

Le grand lac du Mexique rompit ses digues et inonda les terres voisines, avec une impétuosité que l'on n'avait point encore remarquée. Quelques maisons furent emportées par ce torrent, d'où l'on voyait sortir comme des vagues, à plusieurs reprises, sans qu'il fût arrivé aucune tempête de vent, ou d'autre mauvais temps, auquel on pût attribuer un mouvement si extraordinaire. Un temple de la ville s'embrasa sans qu'on pût en découvrir la cause ni trouver des moyens pour apaiser la fureur de cet incendie qui consuma jusqu'aux pierres et le réduisit tout entier en cendres. En différents endroits, on entendit dans l'air des voix plaintives qui annonçaient la fin de cette monarchie : et toutes les réponses des idoles répétaient ce funeste pronostic.

On apporta à Montézuma plusieurs monstres de différentes espèces, tous horribles à voir, qu'il regarda comme de malheureux présages.

Deux prodiges fort remarquables entre ceux que rapportent les historiens du Mexique, achevèrent d'accabler l'esprit de Montézuma ; et il ne faut pas les oublier, puisque le P. Joseph d'Acosta, Jean Botero et d'autres auteurs graves et judicieux, ne les ont pas jugés indignes d'être signalés. Quelques pêcheurs rencontrèrent au bord du lac du Mexique, un oiseau d'une grandeur extraordinaire et d'une figure monstrueuse. Ils s'en saisirent et crurent que, vu la rareté du fait, ils devaient le présenter à l'empereur. L'oiseau était hideux à voir et portait sur la tête une lame luisante comme un miroir où la réverbération des rayons du soleil produisait une lumière triste et affreuse. Montézuma attacha d'abord ses yeux sur cette lame ; et, en s'approchant pour l'examiner de plus près, il aperçut au dedans la représentation d'une nuit et des étoiles qui brillaient en quelques endroits, de place en place, à travers l'obscurité ; le tout si naturellement, qu'il se retourna vers le soleil comme s'il eût douté qu'il fût jour en ce moment. Mais quand il revint au miroir, il y trouva d'autres objets bien plus effroyables au lieu de la nuit. Il vit des gens inconnus et armés qui venaient du côté de l'Orient et qui faisaient un horrible carnage de ses sujets. Il fit appeler ses prêtres et ses devins pour les consulter sur ce prodige, et l'oiseau demeura immobile jusqu'à ce que plusieurs d'entre eux eussent fait la même expérience ; puis il s'échappa tout d'un coup d'entre leurs mains, leur laissant un nouveau sujet de frayeur, par une fuite si prompte et si brusque.

Peu de jours après, un laboureur, homme simple et grossier, vint au palais et demanda avec tant d'insistance et d'empressement, d'être introduit à l'audience de l'empereur, qu'il parut qu'il y avait du mystère. On tint conseil sur ce sujet, et on conclut qu'il fallait l'écouter. Ses révérences faites, cet homme, sans paraître ni étonné, ni embarrassé, dit en son langage rustique, mais avec une liberté et une éloquence qui parurent être l'effet d'un transport surnaturel, comme si quelque autre eût parlé

par sa bouche : « Seigneur, j'étais hier au soir oc-
« cupé à cultiver mon héritage, lorsque je vis fon-
« dre sur moi, avec impétuosité, un aigle d'une
« grosseur extraordinaire. Il me prit entre ses ser-
« res, et, me transportant à une assez longue dis-
« tance, il me déposa enfin à l'entrée d'une grotte,
« où un homme était en habit royal, dormant entre
« des fleurs et d'autres parfums, et tenant en sa
« main une pastille allumée. Je pris la hardiesse
« de m'approcher, et je vis, ou votre figure, ou votre
« propre personne ; à cet égard, je n'oserais rien
« assurer, sinon qu'il me paraît encore que j'étais
« alors dans un sens rassis et fort libre. La crainte
« et le respect me poussaient à me retirer promp-
« tement, lorsque je fus arrêté par le commande-
« ment d'une voix, qui, me parlant avec beaucoup
« d'autorité, ne me causa pas moins de frayeur,
« en m'ordonnant de prendre la pastille de votre
« main et de l'appliquer en un endroit de votre
« cuisse qui était à découvert. Je me défendis au-
« tant que je le pus, de commettre une action qui
« me paraissait si insolente ; mais la même voix
« d'un ton effroyable me força d'obéir. Moi-même,
« seigneur, sans pouvoir résister à cet ordre, la
« frayeur me rendant hardi, j'appliquai la pastille
« brûlante à votre cuisse et vous souffrites la brû-
« lure sans vous éveiller, ni faire aucun mouve-
« ment. Je vous aurais cru mort, si au milieu de
« la tranquillité de votre sommeil qui vous ôtait le

« sentiment, le mouvement de la respiration ne
« m'eût assuré de votre vie. Alors la voix, qui pa-
« raissait se former dans le vent, me dit : C'est
« ainsi que le roi s'endort, en s'abandonnant aux
« délices et aux vanités, lorsque le courroux des
« dieux gronde sur sa tête et que tant d'ennemis
« viennent d'un autre monde pour détruire son
« empire et sa religion. Dis-lui qu'il s'éveille pour
« parer, s'il le peut, aux malheurs qui le mena-
« cent. A peine la voix eut-elle fini ce discours,
« qui a fait une si forte impression dans mon es-
« prit, que l'aigle me reprit dans ses serres et me
« rapporta dans mon champ, sans me faire aucun
« mal. C'est l'avertissement que je vous donne,
« suivant l'ordre des dieux : Réveillez-vous, sei-
« gneur, votre orgueil et votre cruauté les irritent.
« Réveillez-vous, encore une fois, et regardez com-
« bien votre assoupissement est dangereux, puis-
« que ce feu, que votre conscience y applique en
« manière de cautère, n'a pas la force de vous en
« faire revenir. Cependant, vous ne pouvez plus
« ignorer que les cris de vos peuples ne soient par-
« venus jusqu'au ciel, avant que d'arriver à vos
« oreilles. »

Après ces paroles, ce paysan tourna le dos et sortit si brusquement, qu'aucun des officiers de Montézuma n'eut la hardiesse de l'arrêter. Le prince, néanmoins, suivant le premier mouvement de sa férocité naturelle, allait ordonner qu'on taillât en pièces cet insolent, s'il n'eût été arrêté dans son mouvement par une douleur extraordinaire qu'il sentit à la cuisse. Il y fit regarder, et tous ceux qui étaient présents aperçurent les marques d'une brûlure récente, dont la vue effraya Montézuma et lui fit faire plusieurs réflexions, sans quitter le dessein de châtier ce paysan, en le faisant servir de victime pour apaiser la colère de ses dieux.

Ces signes, ou plutôt ces prodiges qui parurent tant à Mexico qu'en plusieurs autres lieux de cet empire, avaient tellement abattu l'esprit de Montézuma et si fort étonné les plus sages de son conseil, quand la seconde nouvelle de la résolution de Cortès arriva, qu'ils crurent voir fondre en ce moment sur leurs têtes tous les malheurs dont ils étaient menacés. Ils tinrent plusieurs assemblées extraordinaires, où les avis différèrent : les uns voulaient que l'on traitât comme ennemis ces étrangers qui entraient armés sur les terres de l'empire, en un temps où tant de prodiges éclataient de tous côtés ; parce qu'en les recevant et en leur témoignant de la confiance, c'était s'opposer à la volonté des dieux, qui n'avaient envoyé ces avertissements avant de les frapper, qu'afin de leur marquer ce qu'ils devaient faire pour éviter le châtiment. Les autres, plus prudents ou plus timides, voulant prévenir les malheurs qui pouvaient naître de la guerre, exagéraient la valeur de ces étrangers, la violence de leurs armes et la fierté de leurs chevaux. Ils rappelaient le furieux carnage qu'ils avaient fait à Tabasco, et sur lequel l'empereur avait eu des renseignements précis, et quoiqu'ils n'accordassent point une foi entière à ce que les vaincus publiaient que les Espagnols étaient immortels, néanmoins ils n'osaient encore les considérer comme des hommes ordinaires. Ils trouvaient même en eux quelque ressemblance avec leurs dieux, fondée sur ces foudres qui partaient de leurs mains pour terrasser leurs ennemis, sans compter l'empire qu'ils avaient sur ces bêtes si féroces, qui entendaient leurs commandements et qui combattaient en leur faveur.

Montézuma conclut qu'il fallait refuser absolument à Cortès la permission de venir à la cour et lui mander qu'il eût à quitter au plus tôt les terres de l'empire : et pour l'obliger à obéir de meilleure grâce, il résolut de lui envoyer un présent de même valeur que le premier, ajoutant que si les voies douces ne réussissaient pas, on aurait recours aux violentes, en levant une armée si forte et de si bons soldats, qu'on n'eût pas sujet d'appréhender la même disgrâce que celle arrivée au cacique de Tabasco.

Il était nécessaire d'indiquer cet état des esprits au Mexique lors de la venue de Cortès pour faire comprendre pourquoi son audace ne fut pas châtiée dès l'origine par un peuple guerrier et un monarque tout-puissant. Les détails qui précèdent contiennent le résumé des faits et gestes de Cortès jusqu'au moment où commence véritablement la conquête du Mexique, conquête dont nous allons suivre maintenant les diverses phases avec le récit même du conquistador.

CHAPITRE II

DEUXIÈME LETTRE

Sire,

Dans ma relation précédente, j'ai présenté à Votre Majesté la liste des villes et des bourgs qui lui avaient offert leurs services, ou que je lui avais soumis. J'ai parlé en même temps d'un grand prince, appelé Montézuma, qui, d'après les renseignements qu'on m'avait donnés, devait habiter à 90 ou 100 lieues de la côte et du port où j'avais débarqué. J'ajoutai qu'avec l'aide de Dieu et la terreur de votre nom, je me proposais de chercher Montézuma partout où il pourrait être. Je me rappelle même que je m'engageai à beaucoup plus que je ne pouvais quand j'assurai que je l'aurais mort ou vif, comme prisonnier ou comme sujet.

Dans ce dessein, je partis de Cempoal (que j'appelai Séville), le 16 d'août, avec 15 cavaliers et 300 fantassins des plus aguerris; la circonstance était favorable. Je laissai à la Vera-Crux 150 hommes et 2 cavaliers, avec ordre d'y construire une forteresse, qui est déjà bien avancée ; et quant à cette province de Cempoal, qui contient 50 villes ou forteresses, et peut fournir environ 50,000 soldats, je la laissai en paix, et composée de sujets d'autant plus sûrs, loyaux et fidèles, qu'à peine venaient-ils d'être soumis, à force de violence, par Montézuma, qui les tyrannisait et laissait enlever leurs enfants pour les sacrifier à ses idoles.

Instruits de votre puissance formidable, ils m'adressèrent leurs plaintes contre Montézuma, me demandèrent mon amitié et me prièrent de leur accorder ma protection ; les ayant bien traités et toujours favorisés, je ne doute point qu'ils ne soient de fidèles sujets, quand ils n'auraient d'autres motifs que la reconnaissance de les avoir délivrés de la tyrannie de Montézuma. Cependant, pour m'assurer de ceux qui restaient dans les villes, j'ai cru devoir choisir parmi eux plusieurs personnes distinguées, et les emmener avec quelques habitants d'un ordre inférieur, qui m'ont été de la plus grande utilité dans mes entreprises.

Il s'est trouvé parmi mes compagnons des amis et des créatures de Diego Velasquez qui, jaloux de mes prospérités, ont voulu quitter le pays et se révolter contre moi : quatre Espagnols, entre autres, ont avoué qu'ils avaient formé le projet de se saisir d'un brigantin qui était dans le port, d'y mettre une provision de pain et de cochon, de tuer le maître de l'équipage pour se rendre à l'île Fernandina, et pour informer Diego Velasquez de l'expédition de mon navire en Europe, de son contenu et de la route qu'il tenait, afin que Velasquez prît des mesures pour s'en saisir au passage, comme il en avait déjà pris plusieurs, et comme il aurait traité le dernier s'il n'avait pas passé par le canal de Bahama. Ils ont encore avoué que d'autres personnes étaient disposées à donner des avis à Velasquez.

Sur ces dépositions, je me suis décidé à punir les coupables selon la justice, les circonstances et le bien du service, et à faire jeter sur la côte les navires qui étaient dans le port sous prétexte qu'ils n'étaient plus propres à la navigation. J'ai détruit par là tout complot, qui, vu le petit nombre des Espagnols et l'intrigue des amis et des créatures de Velasquez, pouvait avoir des suites fâcheuses pour la gloire de Dieu et celle de Votre Majesté. J'ai ôté à ceux qui avaient envie de quitter la possibilité de consommer leur projet, et je me suis mis en route avec d'autant plus de sécurité, que les habitants des villes m'ont rendu leurs épées avant mon départ.

Cortès se rendait à Cempoal quand il apprit l'arrivée à la Vera-Crux de quatre navires dont les allures semblaient suspectes. Ces navires appartenaient à François de Garay et les soupçons de Cortès furent confirmés par quatre hommes d'équipage dont il s'empara par ruse.

J'appris, dit-il, par eux, qu'ils avaient abordé à

l'embouchure du Panuco, situé à 30 lieues au-dessous d'Almeria ; ils avaient été bien accueillis des habitants du pays, qui leur avaient promis des rafraîchissements ; ils y avaient vu de l'or, mais en petite quantité, et n'étaient descendus à terre qu'après s'être bien assurés de l'espèce de gens qu'ils avaient pu découvrir de leurs vaisseaux. Il n'y avait point dans ces cantons de maisons bâties en pierre, elles étaient toutes de paille, à l'exception des planchers faits à la main et peu élevés.

Montézuma me confirma depuis ces particularités, de même que plusieurs interprètes du pays qui l'accompagnaient. J'envoyai alors ces interprètes avec un Indien du canton et plusieurs députés de Montézuma pour attirer au service de Votre Majesté le seigneur des rives du Panuco. Celui-ci me renvoya, avec mes envoyés, un ambassadeur distingué, qui me remit de sa part des habits, des pierres et des panaches ; il m'assura que tous les habitants de son pays seraient volontiers vos sujets et mes amis. Je fis en revanche des présents d'Espagne à l'ambassadeur : le cacique de Panuco en fut si content, que quand les gens de l'équipage des navires de F. Garay y débarquèrent depuis, ils me firent proposer de tout ce qu'ils avaient avec eux, des femmes, des poules et d'autres comestibles.

Après être resté trois jours dans la province de Cempoal, Cortès entra dans celle de Sienchimalen, et s'arrêta à Caltanni pour y attendre les députés de Tastalteca.

Mes députés m'avaient assuré que les habitants de cette province très puissants et très nombreux, étaient, ainsi que leurs amis, en guerre continuelle avec Montézuma ; ils ajoutèrent qu'il était essentiel de me lier avec eux, parce qu'ils me favoriseraient infiniment si Montézuma voulait me chicaner. J'attendis vainement pendant huit jours le retour de mes députés ; impatient, j'interrogeai les autres notables de Cempoal que j'avais avec moi, et sur l'assurance qu'ils me donnèrent de l'amitié de cette province, je me déterminai à partir. A la sortie du vallon je trouvai une enceinte de murailles sèches, élevée de 9 à 10 pieds, épaisse de 20, au haut de laquelle il y avait un parapet d'un pied et demi pour placer des combattants. Cette muraille traversait le vallon d'une extrémité de la côte à l'autre ; elle n'avait qu'une issue large de dix pas, où l'enceinte était du double plus épaisse et pratiquée en forme de ravelin.

Je demandai quel était l'objet de cette enceinte ; on me répondit qu'on l'avait pratiquée pour se défendre des habitants de la province limitrophe de Tascalteca, ennemis de Montézuma avec qui ils étaient toujours en guerre. Les habitants du vallon m'engagèrent fort à ne point passer sur les terres de pareils ennemis, puisque j'allais voir Montézuma leur maître ; ils me représentèrent que je m'exposerais à des insultes ou à des pertes de la part de gens qui, sans raisons, pouvaient se porter aux dernières extrémités; ils m'offrirent de me conduire sans sortir des terres de Montézuma où je ne cesserais d'être bien reçu. Les habitants de Cempoal en qui j'avais plus de confiance, me dissuadèrent et m'engagèrent à prendre la route de Tascalteca en me disant que les sujets de Montézuma ne me parlaient ainsi que pour m'éloigner de l'amitié de cette province : que ces sujets étaient tous méchants et traîtres, et qu'ils finiraient par me conduire dans des précipices dont je ne pourrais plus sortir.

Cortès en effet ne tarda à reconnaître la duplicité des habitants de Tascalteca, car il fut attaqué par eux, mais réussit à les battre en différentes rencontres.

Je puis actuellement avouer la grande frayeur dont nous fûmes saisis quand nous nous trouvâmes engagés dans des terres inconnues, sans espoir de secours et au milieu d'une multitude innombrable d'ennemis : j'entendis plusieurs fois de mes propres oreilles, me comparer dans divers comités particuliers, à Pierre le Charbonnier, qui savait bien où il était, mais qui ignorait les moyens d'en sortir. D'autres me traitaient de fou et d'insensé qu'il ne fallait point imiter, et prétendaient au contraire qu'il fallait s'en retourner au port par le plus court chemin, et me laisser tout seul si je ne voulais pas les suivre. Ils poussèrent même les choses au point de m'en prier à différentes reprises, et j'avais bien de la peine à les persuader, quand je leur représentais qu'ils vous devaient leur sang et leur vie, qu'il était question de conquérir pour vous les plus grandes possessions de l'univers ; que jamais Espagnol ne s'était couvert d'une tache honteuse par une si lâche défection ; qu'il s'agissait d'ailleurs de combattre en bons chrétiens les ennemis de notre sainte foi, et de mériter conséquemment la gloire la plus éclatante dans l'autre monde, et dans celui-ci un honneur et une récompense dont aucune génération n'avait joui jusqu'à nous. Je leur faisais remarquer que Dieu combattait visiblement pour nous, que rien ne lui était impossible puisque dans des victoires où nous avions fait périr tant d'ennemis, nous n'avions pas perdu un seul combattant ; je leur promettais vos faveurs en cas de fidélité, et je les menaçais de toute votre colère en cas de révolte et de défection. Enfin, par un peu plus d'aisance et par mes propos, je leur rendis peu à peu la confiance et le courage, et je les amenai à faire tout ce que je désirais.

Le lendemain, à dix heures, Sintegal, capitaine général, accompagné de cinquante des principaux seigneurs de la province, se détermina à venir me supplier de la part de Magiscatzin, gouverneur général de la république, de les recevoir au nombre de vos sujets et de leur pardonner des fautes commises sans nous connaître. Ils ajoutèrent que n'ayant jamais eu de maître, qu'ayant de temps immémorial vécu indépendants, que s'étant préservés des usurpations de Montézuma, de celles de son père et de ses aïeux qui avaient conquis le monde; qu'ayant préféré à l'esclavage la privation des choses les plus nécessaires, comme celle du sel et du coton, qu'ils ne récoltaient point chez eux, ils avaient cru devoir tenter la conservation de leur liberté vis-à-vis de moi par tous les moyens possibles; que s'apercevant que leurs forces, leurs ruses et leur industrie ne servaient à rien, ils préféraient l'obéissance à la mort et à la perte de leurs femmes, de leurs enfants et de leurs habitations.

Je les fis convenir qu'ils avaient été eux-mêmes la cause de leurs désastres ; je leur dis que j'étais venu chez eux en ami sur la parole des Indiens de Cempoal; que je leur avais envoyé d'avance des députés pour les informer de mes intentions et du plaisir que je me faisais de cultiver leur amitié ; qu'ils m'avaient attaqué d'abord à l'improviste tandis que je marchais avec la plus grande sécurité ; qu'ils avaient ensuite tâché de me tromper par les apparences du repentir et par de fausses protestations, tandis qu'ils faisaient de nouveaux préparatifs pour m'attaquer au moment où je m'y attendais le moins. Je leur reprochai enfin tous les projets, les noirceurs et les trahisons qu'ils avaient entrepris d'exécuter. J'acceptai néanmoins leurs soumissions, et l'offre qu'ils firent de leurs personnes et de leurs biens. Depuis ce moment, ils ne se sont point démentis en quoi que ce soit, et j'espère que dorénavant ce seront de bons et de fidèles sujets.

Je restai 6 ou 7 jours sans sortir de mon camp, parce que je ne pouvais avec prudence me fier à des Indiens qui m'avaient si souvent trompé ; cependant, ils me prièrent avec tant d'instance de venir à Tascalteca, où tous les caciques résidaient, qu'enfin je me rendis à leur invitation, en me transportant dans cette capitale, éloignée de 6 lieues de mon camp. La grandeur et la magnificence de cette ville me surprirent ; elle est plus grande et plus forte que Grenade ; elle contient autant et d'aussi beaux édifices, et une population bien plus considérable que Grenade, lors même de sa conquête ; elle est beaucoup mieux approvisionnée en blé, en volailles, en gibier, en poissons d'eau douce, en légumes et en d'autres excellents comestibles. Il y a tous les jours au marché 30,000 personnes qui vendent ou qui achètent, sans compter les marchands et les revendeurs distribués dans la ville. On trouve dans ce marché tout ce qui est nécessaire à l'entretien, des habits, des chaussures, des bijoux d'or et d'argent, des plumes de toute espèce, aussi bien travaillés que dans n'importe quel marché de l'univers ; on y trouve encore toute sorte de faïence meilleure que celle d'Espagne, du bois, du charbon, des herbages et des plantes médicinales ; on y voit des bains et des lavoirs publics, et des endroits où l'on tond les chèvres ; enfin il y a dans cette ville beaucoup d'ordre et de police ; les habitants sont propres à tout, et bien supérieurs aux Africains les plus industrieux. Le territoire de cette république a environ 80 lieues de circuit. Il est rempli de beaux vallons parfaitement cultivés et ensemencés : aucune portion de terre n'y reste en friche. La constitution de cette république ressemble à celle de Venise, de Genève et de Pise, parce qu'il n'y a point de chef qui soit revêtu de l'autorité suprême ; beaucoup de caciques résident dant la ville ; les paysans laboureurs sont leurs vassaux, et possèdent néanmoins des portions de terre plus ou moins considérables : en temps de guerre, ils se réunissent tous, et le capitaine général fait ses dispositions ; ils se gouvernent par des principes de justice et punissent les malfaiteurs ; car sur la plainte que je portai au gouverneur Magiscatzin, d'un vol qu'un Indien avait fait à un Espagnol de son or, on fit des perquisitions contre le voleur, et on me l'amena avec l'effet volé, afin que j'ordonnasse sa punition : je les remerciai de leur diligence, et leur laissai le coupable pour le punir selon leur usage, en leur disant que je ne ferais pas justice de leurs sujets dans leur pays ; ils furent sensibles à cette déférence, et firent conduire le coupable par le crieur public, qui divulgua son crime dans le grand marché. Le crieur monta ensuite sur une espèce de théâtre au bas duquel resta le criminel ; du haut du théâtre, il commença à publier le vol de l'Indien, qui à l'instant fut assommé à coups de massue par les spectateurs.

D'après des recherches assez exactes, je peux assurer que cette province contient environ 500,000 habitants parfaitement soumis à votre empire, ainsi que ceux de Guajozingo, petite province contiguë, qui vivaient sans maître, selon les usages de celle de Tascalteca.

Cortès était à Tascalteca depuis vingt et un jours, quand, sur les instances des députés de Montézuma, et malgré les représentations des caciques de Tascalteca, il se décida à se rendre à Cholula pour être plus à portée de négocier avec le prince.

Les habitants de Cholula vinrent au-devant de moi avec des trompettes, des tymbales et des prêtres de différents temples, vêtus en habit de cérémonie et chantant. Comme ils nous conduisaient avec cet appareil à un très bon logement, où ma suite se trouva au mieux, et où on apporta des vivres en assez modique quantité, je remarquai, chemin faisant, une partie des indices que les Indiens de Tascalteca m'avaient donnés ; j'observai, comme ils me l'avaient annoncé, que le grand chemin était barré ; qu'on en avait construit un autre rempli de trous ; que plusieurs rues étaient barricadées, et je vis enfin plusieurs monceaux de pierres sur les toits ; je me tins en conséquence sur mes gardes.

Je trouvai, en arrivant à Cholula, quelques envoyés de Montézuma, qui venaient pour rendre compte à leur maître de mes dispositions par les députés qui avaient résidé près de moi. Dès qu'ils se furent acquittés de cette commission, ils s'en retournèrent vers Montézuma avec le plus notable de ces anciens députés.

Pendant les trois jours qui suivirent mon arrivée, je remarquai le peu de soin et le peu d'attention qu'on avait pour moi ; je m'aperçus que les égards diminuaient chaque jour, et que les caciques et les notables de la ville ne venaient me voir que très rarement ; je commençais à entrer en défiance, lorsqu'un interprète du pays dit au mien : que les habitants de Cholula avaient fait sortir de la ville leurs femmes, leurs enfants et leurs bagages ; que de concert avec les troupes réunies de Montézuma, ils devaient faire main basse sur nous, et ne pas en laisser échapper un seul : l'interprète ajouta au mien qu'il le sauverait et qu'il le mettrait en lieu de sûreté, s'il consentait à le suivre. Mon interprète révéla ce complot à d'Aguilar, qui me le découvrit. Sur ces instructions, je fis prendre secrètement un habitant de la ville, que j'interrogeai à l'insu de tout le monde ; il me confirma le rapport de mon interprète, et sur-le-champ je pris le parti de prévenir afin de n'être point prévenu. Je fis venir en conséquence chez moi les principaux caciques de la ville, sous prétexte que j'avais quelque chose à leur communiquer; je les fis renfermer et ensuite attacher dans une salle bien gardée; je donnai l'alerte aux soldats que j'avais sous la main; j'ordonnai de faire main basse sur tous les Indiens qui se trouveraient, tant dans mon logement qu'à proximité : je montai à cheval; je fis prendre les armes à tout le monde, et en moins de deux heures nous déconcertâmes tous les projets de nos ennemis, et nous leur tuâmes plus de 3,000 hommes. Ils avaient déjà fait occuper toutes les rues; les troupes étaient aux postes qui leur étaient assignés : j'eus moins de peine à les renverser parce que je les surpris, et parce que j'avais eu la précaution de faire leurs chefs prisonniers. Je fis mettre le feu aux tours et aux autres ouvrages fortifiés, dans lesquels ils se défendaient et nous faisaient du mal; j'assurai la garde de mon logement, qui était très fort, par un bon détachement, et j'employai cinq heures à chasser de rue en rue tous nos ennemis, avec 400 Indiens de Cempoal et 5,000 de Tascalteca.

De retour à mon logement, j'interrogeai mes prisonniers, et je leur demandai les motifs de leur trahison; ils me répondirent que ce n'était point leur ouvrage, mais celui des Mexicains, sujets de Montézuma, qui avaient rassemblé une armée de 50,000 hommes à une lieue et demie de Cholula, et qui les avaient engagés par des menaces à partager l'exécution de leurs projets; qu'ils reconnaissaient qu'on les avait trompés: que, si je voulais délivrer un ou deux caciques d'entre eux, il iraient rappeler les habitants de la ville, et qu'ils feraient rentrer les femmes, les enfants et les bagages; ils me supplièrent en outre de leur pardonner leur faute; ils me demandèrent mon amitié, et ils me promirent d'être à l'avenir de loyaux, de fidèles et d'inébranlables sujets. Après leur avoir bien fait envisager l'horreur de leur conduite, je les fis détacher, et le lendemain la ville était peuplée et tranquille comme si rien n'y était arrivé. Au bout de quinze ou vingt jours, les marchés et les boutiques étaient aussi fréquentés qu'à l'ordinaire, et je trouvai pendant cet espace de temps, les moyens de réconcilier les habitants de Tascalteca avec ceux de Cholula. Ils avaient été autrefois amis et alliés; mais Montézuma avait employé avec succès pour les désunir les négociations et les présents.

Cette ville de Cholula, composée de plus de 20,000 maisons, est située dans une plaine bien arrosée, bien cultivée, très fertile en blé et en bons pâturages, comme toutes les terres de cette seigneurie. Depuis un temps immémorial, cette ville était indépendante comme Tascalteca. Sa population est si nombreuse que, malgré la culture exacte de toutes les terres et leur fertilité, il y a un grand nombre d'habitants qui manquent de pain et mendient de toutes parts. En général, ils sont mieux vêtus que ceux de Tascalteca ; les citoyens distingués y portent par-dessus leurs habits des manteaux semblables, pour l'étoffe et pour les bordures, aux manteaux des Africains, mais différents pour la forme.

Je parlai aux envoyés de Montézuma de la trahison de Cholula. Je leur dis que je n'ignorais pas la part que ce prince y avait, et combien il était indigne d'un aussi grand seigneur que lui, de m'offrir son amitié par des ambassadeurs, et de me faire en même temps trahir par un tiers, pour se disculper à défaut de succès ; que puisqu'il ne tenait pas sa parole et qu'il déguisait la vérité, je voulais dorénavant changer de conduite ; qu'au lieu d'aller le voir en ami, de vivre en paix et en bonne intelligence avec lui comme j'en avais conçu le dessein d'abord, j'étais décidé à lui faire la guerre la plus sanglante et à ravager tout ce que je pourrais. J'ajoutai que j'en étais fâché ; que j'aurais préféré de l'avoir pour ami, et à le consulter sur tout ce que j'avais à faire.

Les envoyés de Montézuma me jurèrent qu'ils ignoraient totalement ce qui s'était passé, et qu'ils ne pouvaient pas croire que leur maître y eût la moindre part. Ils me prièrent, avant de me déterminer à lui déclarer la guerre, de m'informer exactement de la vérité, et de consentir que l'un d'eux allât lui parler pour revenir aussitôt. La résidence de Montézuma n'étant qu'à 20 lieues de cette ville, je consentis à la demande des envoyés, et j'en laissai partir un qui revint au bout de six jours avec le notable qui s'en était retourné après avoir séjourné longtemps auprès de moi.

Montézuma m'envoya 10 plats d'or, 500 pièces d'étoffes, un grand nombre de poules, et une forte provision de la boisson composée de maïs, d'eau et de sucre, dont ils font usage, et qu'ils appellent *Panicap*.

Les députés ajoutèrent aux présents, de la part de leur prince, des assurances qu'il n'était entré pour rien dans le projet de la révolte des habitants de Cholula ; qu'à la vérité la garnison de cette ville lui appartenait; mais qu'elle n'y était pas entrée par ses ordres, et seulement à cause des considérations particulières pour lesquelles il leur est permis de s'entr'aider les unes et les autres ; qu'à l'avenir je jugerais par ses actions de la vérité de ses discours. Il finissait par ses protestations ordinaires, en me priant de ne pas entrer sur ses terres, parce qu'étant stériles, j'y manquerais de tout ; qu'au surplus je pouvais demander tout ce dont je pourrais avoir besoin, et qu'il se ferait un plaisir de me l'envoyer aussitôt. Je lui fis répondre que je ne pouvais me dispenser d'entrer sur ses terres, parce qu'il fallait que je pusse vous rendre compte du souverain et des États; que je croyais ce qu'il prenait la peine de me faire dire ; mais qu'il trouvât bon que je m'en assurasse par moi-même ;

que je le priais de ne pas mettre d'obstacle à mes résolutions, parce que je serais forcé de lui causer préjudice, et ce serait toujours à mon grand regret.

Quand Montézuma vit que j'étais déterminé à aller le joindre, il me fit dire qu'il ne demandait pas mieux, et m'envoya beaucoup de monde pour m'accompagner. A peine étais-je entré sur ses terres que ses gens voulurent me faire passer par un chemin où il leur était très facile de me nuire, autant que j'ai pu en juger par la suite, et par le rapport de plusieurs Espagnols que j'envoyai de ce côté-là. Il y avait sur ce chemin tant de gorges, de défilés, de ponts et de mauvais pas, qu'ils auraient pu exécuter leur dessein en toute sûreté : mais comme Dieu a toujours pris soin de veiller particulièrement sur les événements relatifs à Votre Majesté depuis sa plus tendre enfance, et que la troupe et le chef marchaient pour son service, Dieu par sa bonté infinie nous montra un autre chemin, mauvais à la vérité, mais bien moins dangereux que celui qu'on voulait nous faire prendre.

A 8 lieues de Cholula on rencontre deux chaînes de montagnes très élevées, et d'autant plus singulières que le sommet en est couvert de neige au mois d'août, et qu'il sort de l'une d'elles plusieurs fois le jour et la nuit, des volumes de feu très considérables, dont la fumée s'élève aux nues avec une telle force, que celle des vents si prodigieuse qu'elle soit dans cette partie élevée, ne peut en changer la direction verticale. Afin de vous rendre le compte le plus détaillé des objets remarquables de cette contrée je choisis dix de mes compagnons tels qu'il les fallait pour une découverte de cette nature, je les fis accompagner par des Indiens du pays qui leur servaient de guides, et je leur recommandai de faire tous leurs efforts pour parvenir sur le sommet de cette chaîne de montagnes, et pour savoir d'où provenait cette fumée; mais il leur fut impossible d'y monter à cause de l'abondance des neiges, des tourbillons de cendre dont la hauteur est sans cesse environnée, et du froid excessif qu'il y fait. Ils approchèrent du sommet autant qu'il leur fut possible; tandis qu'ils étaient au point le plus élevé où ils aient pu gravir, la fumée sortit avec tant de bruit et d'impétuosité, que la montagne semblait s'écrouler. Ils ne rapportèrent de leur voyage que de la neige et des glaçons, objets assez rares dans un pays situé au 20° de latitude, et où la chaleur est très vive.

Mes dix compagnons, allant à la découverte de cette chaîne de montagnes, rencontrèrent sur leur passage un chemin dont ils demandèrent l'issue à leurs guides; ceux-ci leur répondirent que c'était le bon chemin de Culua, et que celui par lequel on avait voulu nous conduire ne valait rien.

Mes Espagnols suivirent ce chemin jusqu'aux hauteurs qu'il coupe, et du point le plus élevé de ces hauteurs, ils découvrirent les plaines de Culua, la grande ville de Temixtitan et les lacs de cette province.

Mon détachement vint me rejoindre fort content d'avoir trouvé ce chemin : Dieu sait la joie que je ressentis de cette découverte ; je dis aux envoyés de Montézuma, qui étaient destinés à m'accompagner chez lui, que je voulais m'y rendre par ce chemin qui était plus court, et non par celui qu'ils m'indiquaient. Ils me répondirent qu'effectivement ce chemin était plus court et plus praticable, mais qu'ils ne me l'avaient pas proposé, parce qu'il fallait traverser pendant un jour entier les terres des Indiens de Guasucingo leurs ennemis, et que nous ne trouverions pas sur cette route tout ce dont nous aurions besoin comme sur les terres de Montézuma ; que cependant (puisque je voulais prendre cette route), ils feraient en sorte que nous y trouverions des provisions comme de l'autre côté.

Nous partîmes en craignant que ces envoyés ne cherchassent à nous tendre des pièges ; mais comme nous avions déjà indiqué le chemin que nous devions prendre, je ne crus point devoir revenir sur mes pas ni changer l'ordre de ma marche, rien n'étant plus à craindre que de laisser suspecter notre courage.

Cortès traversa la province de Guasucingo et reçut de Montézuma deux ambassades dont la véritable mission était d'endormir sa vigilance afin qu'on pût le surprendre de nuit. Mais Cortès toujours sur ses gardes continua d'avancer.

Quand les Mexicains virent l'impossibilité de me surprendre, ils changèrent de conduite et se déterminèrent à nous bien traiter.

Au moment où je me disposais à partir, le lendemain au matin, dix ou douze des principaux caciques, à ce que j'ai appris depuis, vinrent me trouver; il y en avait un notamment parmi eux qui avait au plus vingt-cinq ans, pour lequel les autres parurent avoir de si grands égards, que quand il descendit de litière, les autres marchèrent devant lui pour ôter les pierres et nettoyer le chemin.

Arrivés à mon logement, ces ambassadeurs me dirent qu'ils étaient envoyés de la part de Montézuma pour m'accompagner, qu'il me priait de l'excuser s'il ne venait pas lui-même au-devant de moi pour me recevoir, parce qu'il était indisposé, qu'il était proche; que, puisque j'étais toujours déterminé à venir le joindre, nous nous verrions incessamment, et qu'il apprendrait ce qu'il pouvait faire pour votre service. Que si cependant je voulais faire quelque attention à ses conseils, je renoncerais au projet d'avancer davantage dans un pays où j'aurais beaucoup de fatigues et de besoins à supporter, et où il serait honteux de ne pouvoir m'offrir tout ce qu'il aurait désiré.

Les ambassadeurs appuyèrent avec tant d'opiniâtreté sur ce dernier point, qu'à moins d'ajouter qu'ils m'interdiraient le passage si je persistais à vouloir avancer, ils n'omirent rien pour m'engager à retourner sur mes pas. Je fis tout ce que je pus de mon côté pour les satisfaire et pour les tranquilliser sur les suites de mon voyage : je les congédiai en leur faisant quelques présents d'Espagne, et je les suivis de près.

Je vis, à deux portées de fusil du chemin, une petite ville bâtie sur pilotis, inaccessible de tous côtés et bien fortifiée à ce qu'il me parut ; elle pouvait contenir environ 2,000 habitants.

A une lieue plus loin, nous trouvâmes une chaussée de la largeur d'une pique, et longue de deux tiers de lieue ; elle nous conduisit à la plus belle ville que nous eussions encore vue, quoique petite. Les maisons en sont bien construites, ainsi que les tours, et les pilotis, sur lesquels elle est bâtie, sont rangés dans un ordre admirable. Les habitants, au nombre d'environ 2,000, nous reçurent très bien, nous donnèrent des comestibles en abondance et nous prièrent d'y passer la nuit. Mais les députés de Montézuma m'engagèrent à pousser plus loin et à gagner Istapalapa, qui en est éloignée de 3 lieues, et appartient à un frère de Montézuma.

Nous sortîmes de cette ville par une chaussée semblable à la première, d'une lieue d'étendue environ, pour gagner la terre ferme : avant d'arriver à Istapalapa, un cacique de la ville et un autre cacique de Calnaalcan vinrent au-devant de moi ; à mon arrivée, j'en trouvai d'autres qui me présentèrent 3,000 écus, quelques esclaves et des étoffes.

Istapalapa peut contenir environ 12 ou 15,000 habitants : cette ville est située en partie sur la terre en partie sur l'eau. J'y ai vu des maisons neuves qui ne sont pas encore achevées et qui appartiennent au gouverneur ; elles sont aussi bien et aussi solidement bâties, à l'architecture et aux ornements près, que les plus belles maisons d'Espagne. On y trouve des jardins très frais, garnis de fleurs odoriférantes, de réservoirs, de belvéders, de portiques, d'allées d'arbres ; les réservoirs sont remplis de poissons et couverts de canards sauvages, de sarcelles et de toutes les espèces d'oiseaux aquatiques.

Je partis le lendemain de mon arrivée dans cette ville, et après une demi-lieue de marche, je gagnai une chaussée qui traverse pendant deux lieues le lac au milieu duquel est bâti Temixtitan. Cette chaussée, large de deux lances, peut contenir huit chevaux de front ; elle est très bien faite et bordée de trois villes : la première s'appelle Mesicalsingo, et contient environ 1,000 habitants ; la seconde, Huchilohuchico, et la troisième, Nyciaca ; celle-ci a plus de 3,000 habitants. Les tours, les temples, les oratoires et les maisons des principaux caciques sont très solidement bâties. On fait dans cette ville un grand commerce de sel tiré des eaux du marais, bouillies et réduites en pains.

Une demi-lieue avant d'entrer à Temixtitan, on trouve un double mur en forme de boulevard garni d'un parapet crénelé, qui forme une double enceinte à la ville, et va joindre de l'autre côté une chaussée qui aboutit à la terre ferme; cette double enceinte n'a que deux portes qui débouchent sur les deux chaussées en question.

Plus de mille personnes distinguées de cette ville, uniformément vêtues, vinrent au-devant de moi jusqu'à cette double enceinte. A mesure qu'elles en approchaient pour me parler, elles remplissaient la cérémonie fort usitée au Mexique, de mettre la main à terre pour la baiser. J'attendis plus d'une heure pour donner à chaque particulier le temps d'achever la cérémonie.

En entrant dans la ville, il y a, entre l'extrémité de la chaussée et la porte, un pont de bois large de 10 pieds, afin de laisser circuler librement les eaux autour de la forteresse. Ce pont, composé de lambourdes et de poutres, s'enlève à volonté; il y en a un grand nombre de semblables dans l'intérieur de la ville pour les communications.

Montézuma, accompagné de 200 seigneurs déchaussés et habillés d'une espèce de livrée très riche, vint me recevoir en deçà du pont. Cette suite, rangée sur deux files, marchait le plus près possible des maisons, dans une rue longue de trois quarts de lieue, très droite, très bien percée, ornée de temples, de grandes et belles maisons. Montézuma, accompagné de son frère et d'un autre seigneur qu'il m'avait envoyé, marchait au milieu de la rue; tous trois étaient vêtus de même façon, mais Montézuma seul était chaussé; ces deux seigneurs le soutenaient par dessous les bras. Quand je vis qu'il s'approchait, je mis pied à terre et j'allai pour l'embrasser; mais les deux seigneurs qui l'accompagnaient m'arrêtèrent et empêchèrent de le toucher. Ils firent, ainsi que Montézuma, la cérémonie de baiser leurs mains à terre. Quand cette cérémonie fut faite, Montézuma ordonna à son frère de m'accompagner et de me soutenir dessous le bras. Puis Montézuma m'ayant adressé la parole, marcha devant moi à petits pas avec son écuyer, et tous les autres seigneurs vinrent me parler en ordre, chacun à leur tour, et s'en retournèrent à leur place.

Lorsque j'abordai Montézuma, je m'ôtai un collier de perles que je lui attachai au col. Quelque temps après, un de ses serviteurs m'apporta, enveloppés dans un drap, deux colliers de coquilles de limaçon de la couleur qu'ils estiment davantage. Il pendait de chaque collier huit breloques d'or longues d'environ un demi-pied et très bien travaillées. Montézuma vint me les passer au col, et reprit sa marche dans l'ordre que j'ai décrit, jusqu'à une très grande et belle maison qu'il avait fait préparer pour nous loger. Alors, il me prit par la main et me conduisisit dans une grande salle en face de la cour par laquelle nous étions entrés ; il me fit asseoir sur un tapis très riche qu'il avait fait faire pour lui ; et me priant de l'y attendre il sortit.

Voici la curieuse description que trace Solis de la demeure de Montézuma : « Les Espagnols découvrirent de fort loin le palais de Montézuma, dont la magnificence témoignait assez celle des princes qui l'avaient bâti. On y entrait par trente portes donnant sur autant de rues différentes ; la façade principale avait vue sur une place fort spacieuse dont elle occupait tout un côté, et était bâtie de pierres de jaspe noir, rouge et blanc bien polies et disposées avec goût.

On remarquait sur la porte principale un grand écusson orné des armes de Montézuma : c'était un griffon dont la moitié du corps représentait un aigle et l'autre un lion. Il avait les ailes étendues comme pour voler, et tenait entre ses griffes un tigre qui semblait se débattre avec fureur.

En approchant de la porte, les officiers qui accompagnaient le général s'avancèrent jusqu'à un de ses côtés où ils se rangèrent en demi-cercle afin de ne passer sous la porte que deux par deux. Cette cérémonie était une marque de respect, car ils auraient cru en manquer s'ils étaient entrés en foule dans les palais de l'empereur. Après avoir traversé trois vestibules ornés de jaspe, comme la façade du palais, ils arrivèrent aux appartements de Montézuma dont les salons excitèrent l'admiration des Espagnols autant pour leur grandeur que pour leurs ornements.

Les planchers étaient couverts de nattes d'un travail délicat et varié; et les murailles étaient tapissées de pièces de coton tissées et mélangées avec du poil de lapin sur un fond de plumes, le tout relevé par l'éclat, la variété des couleurs et la beauté des dessins. Les lambris étaient faits d'un assemblage de bois de cyprès, de cèdres et d'autres bois odoriférants que l'on avait travaillés pour obtenir en relief des feuillages et des festons.

Mais ce qui était le plus remarquable, c'est que, sans avoir l'usage des clous ni des chevilles, les Indiens avaient formé de très grands plafonds sans autre liaison que celle qu'ils tiraient de l'adresse avec laquelle ils faisaient soutenir les pièces les unes par les autres.

On voyait en chaque salon un grand nombre d'officiers de divers rangs qui gardaient les portes, chacun suivant sa qualité et son emploi. Les premiers ministres de l'empereur attendaient à celle de l'antichambre où ils reçurent Cortès avec beaucoup de civilité; néanmoins, ils le firent attendre un peu, afin d'ôter leurs sandales et les riches manteaux dont ils étaient parés. Ils en revêtirent de simples parce que, chez ces peuples, la bienséance ne permettait pas de paraître avec un habit brillant en présence du souverain.

Les Espagnols observaient ces façons; tout leur paraissait nouveau et tout contribuait à leur inspirer du respect, la grandeur du palais, les cérémonies de la réception et jusqu'au profond silence de ce grand nombre de domestiques.

A peine avais-je fait loger tous les gens de ma suite, qu'il revint avec différents joyaux d'or et d'argent, de panaches, 5 ou 6,000 pièces de coton travaillées richement de diverses manières. Après m'avoir fait remettre ses présents, il s'assit sur un tapis qu'il étendit à côté du mien, et me parla ainsi :

« Depuis longtemps nous savons, par les titres que nos ancêtres nous ont laissés, que ni moi ni aucuns habitants de ce pays n'en sommes originaires; nous sommes des étrangers venus de fort loin sous les étendards d'un roi qui s'en retourna dans son pays après la conquête, et qui fut si longtemps à revenir au Mexique, que ses sujets avaient déjà formé une très nombreuse population lors de son retour. Ce roi voulut ramener ses sujets avec lui, mais ils ne voulurent pas le suivre et encore moins le recevoir pour maître. Il repartit seul, et nous a toujours annoncé qu'il viendrait un de ses descendants pour subjuguer ce pays. Suivant le point de l'Orient dont vous dites venir, suivant tout ce que vous nous racontez du roi qui vous a envoyé ici, nous croyons d'autant plus fermement qu'il est notre roi naturel, que vous ajoutez qu'il y a longtemps qu'il a entendu parler de nous ; nous sommes certains que vous ne nous trompez pas, vous pouvez donc être assuré que nous vous reconnaissons pour maître, comme représentant un grand roi dont vous nous parlez, et que nous vous obéirons; vous pouvez ordonner absolument dans tout le pays qui m'appartient, et tout ce que nous avons est à votre disposition.

« Puisque vous êtes dans votre pays et chez vous, amusez-vous, délassez-vous des fatigues de vos voyages et des guerres que vous avez eu à soutenir; car je sais tous les inconvénients et les obstacles que vous avez eu à surmonter. Je n'ignore point non plus que les Indiens de Cempoal et de Tascalteca vous ont fortement prévenus contre moi, mais ne croyez que ce que vous verrez par vous-même, surtout de ces Indiens qui sont ou mes ennemis ou des sujets révoltés. Je sais également qu'ils vous ont dit que les murailles de mon palais étaient d'or, que mes tapis et tout ce qui servait à mon usage en était aussi; quant aux maisons, vous voyez qu'elles sont de pierre, de chaux et de sable. » Levant en même temps ses habits et me montrant son corps, il ajouta : « Vous voyez que je suis de chair et d'os comme vous, et que comme tout le monde, je suis mortel et palpable. Il est vrai que je conserve quelques objets en or qui m'ont été laissés par mes aïeux; mais tout ce que j'ai sera à vos ordres quand vous le voudrez. Je m'en retourne dans une autre maison où je demeure : n'ayez point d'inquiétude, vous aurez ici tout ce qui vous sera nécessaire, à vous et à votre suite, puisque vous êtes chez vous et dans votre pays natal. »

Je répondis de mon mieux à toutes les honnêtetés de Montézuma; j'y ajoutai tout ce qui me parut convenable aux circonstances, et je finis en lui disant que c'était particulièrement de Votre Majesté qu'il devait tout attendre.

Aussitôt après le départ de Montézuma, on nous apporta une immense provision de poules, de pain, de fruits, de tous les comestibles nécessaires et surtout des ustensiles de logement. Je fus ainsi pourvu pendant six jours, et je reçus les visites des principaux caciques.

J'ai déjà eu l'honneur d'exposer à Votre Majesté, au commencement de cette lettre, qu'en partant de la Vera-Crux, j'avais laissé 150 hommes pour achever la construction de la forteresse commencée, un grand nombre de villes, de bourgs et d'habitants de ces contrées parfaitement soumis à votre domination, et qu'enfin j'avais laissé dans Cholula quelques sujets affidés sous la conduite d'un capitaine que j'en avais fait commandant.

J'en reçus alors des lettres qui m'apprirent que Qualpopoca, cacique d'Almeria (appelé par les Mexicains Nauthla), lui avait envoyé des députés pour vous assurer de son hommage et de sa soumission, et pour déclarer qu'il n'y était pas encore venu lui-même, parce qu'il lui était indispensable, pour exécuter ce dessein, de passer sur les terres de ses ennemis qui l'insulteraient à coup sûr. Il fit dire en même temps que, si on voulait lui envoyer quatre Espagnols, il viendrait aussitôt, parce qu'on n'oserait plus l'insulter, le sachant accompagné. Le commandant de Cholula, induit en erreur par bien d'autres exemples de cette nature qui lui avaient réussi, lui envoya les quatre hommes demandés. Qualpopoca ayant ordonné de les assassiner de manière que l'on ne pût l'en soupçonner, deux furent mis à mort, et deux, couverts de blessures, eurent le bonheur d'échapper à travers les bois. D'après cette trahison, le commandant de Cholula, à la tête de deux cavaliers, de 50 Espagnols et de 8 à 10,000 indiens alliés, se porta sur Almeria. Après plusieurs combats funestes aux habitants, ils en furent tous chassés, et la ville fut brûlée par l'acharnement de nos Indiens, malgré les secours que Qualpopoca et ses amis tentèrent d'y apporter. On interrogea avec grand soin tous les prisonniers faits en cette occasion pour connaître les auteurs de la perfidie contre les Espagnols ; tous en accusèrent Montézuma, et prétendirent qu'à mon départ de la Vera-Crux, il avait ordonné à Qualpopoca et à ses autres vassaux d'employer tous les moyens imaginables pour se défaire des Espagnols que j'y avais laissés pour favoriser ma retraite.

Six jours après mon arrivée à Temixtitan, et après en avoir examiné le petit nombre de particularités remarquables, je crus (surtout d'après la trahison de Qualpopoca) devoir m'assurer de Montézuma, afin de fixer ses irrésolutions et de l'attacher constamment au service du roi, dont il aurait pu vouloir se soustraire, d'après son humeur inquiète. Afin de pourvoir à notre sûreté, de connaître mieux et de soumettre avec plus de facilité les terres de sa domination, je me déterminai à transférer Montézuma dans mon logement, qui était très fort. Pour y parvenir sans bruit et sans émeute, je plaçai des gardes dans le carrefour des rues, et j'allai le voir à mon ordinaire.

Nous parlâmes d'abord de bagatelles : il me fit présent de quelques joyaux d'or et d'une de ses filles. Il donna aussi quelques filles de caciques aux gens de ma suite ; mais nous changeâmes bientôt de conversation : je lui exposai l'aventure d'Almeria, la trahison et la cruauté de Qualpopoca, qui prétendait n'avoir agi que par ses ordres, et n'avoir pu se défendre de les exécuter comme son sujet. J'y ajoutai que je n'en croyais rien, et que ces traîtres en imposaient pour se disculper, puisque je n'avais qu'à me louer de lui; mais qu'il lui était indispensable d'envoyer chercher au plus tôt Qualpopoca et ses complices pour constater la vérité et pour les punir, parce que, sur le récit de ces horreurs, non seulement mon maître douterait de sa bonne volonté, mais m'ordonnerait de me porter aux dernières extrémités contre lui pour venger la perfidie exercée contre mes compagnons. A peine avais-je fini de parler, que Montézuma remit une petite pierre, en forme de sceau, qu'il portait au bras, à l'un de ses satellites avec ordre de se transporter à Almeria, qui est à 70 lieues de Temixtitan, ou Mexico, et d'y arrêter Qualpopoca et tous les complices de l'assassinat des Espagnols, pour les amener de gré ou de force dans cette capitale. Les satellites de Montézuma obéirent et partirent sur-le-champ. Je le remerciai de sa promptitude à me donner satisfaction, et j'y ajoutai qu'il ne fallait, pour la rendre complète aux yeux du roi, auquel je devais compte de ces Espagnols, que de le voir, lui Montézuma, logé avec moi, jusqu'à ce que la vérité fût connue, et que son innocence, de laquelle je ne doutais point, fût prouvée. Je le priai en même temps de ne point se formaliser de ma proposition, puisqu'il devait y conserver toute sa liberté, et que je ne mettrais aucun obstacle ni à son service ni aux ordres qu'il voudrait donner.

Je le priai de choisir le quartier de mon logement qui lui conviendrait le mieux, d'y faire absolument ses volontés, qu'on ne le troublerait en aucune manière, et qu'indépendamment de ses serviteurs, il aurait encore à ses ordres tous les gens de ma suite qui préviendraient ses désirs.

Montézuma parut accepter volontiers toutes mes propositions. Il ordonna de préparer aussitôt l'appartement qu'il choisit. Plusieurs caciques entrèrent ensuite dans celui où il était, déchaussés, déshabillés, leurs habits sur les bras et portant une espèce de civière en forme de chaise à porteurs. Ils prirent en silence Montézuma et, les larmes aux yeux, le placèrent dans cette voiture, avec laquelle on le transporta dans mon logement sans tumulte. On aperçut, en traversant la ville, quelques émotions, mais Montézuma les apaisa d'un mot, tout fut tranquille, et le calme dura tout le temps qu'il resta en mon pouvoir, parce qu'il faisait tout ce qu'il désirait, et parce qu'il était servi comme chez lui.

Depuis quinze jours Qualpopoca, l'un de ses fils, et les complices du meurtre des Espagnols étaient pris, lorsqu'on me les amena au nombre de quinze. Je les fis mettre en lieu de sûreté ; et, quand ils eurent avoué qu'ils étaient sujets de Montézuma, et qu'ils avaient fait mourir les Espagnols, je leur fis faire leur procès.

La cause, dit Solis, fut jugée militairement ; et on les condamna à mort, avec cette circonstance, que leurs corps seraient brûlés publiquement devant le Palais Impérial, comme criminels de lèse-majesté. Aussitôt on délibéra sur la manière de l'exécution ; et il fut conclu de ne la pas différer. Cependant, Cortès qui craignait que Montézuma ne s'aigrît, et qu'il ne voulut soutenir des gens qu'on ne faisait mourir que pour avoir obéi à ses ordres, résolut de le tenir en crainte, par quelque brusquerie qui eût l'apparence d'une menace, et qui le fit ressouvenir de la dépendance où il se trouvait : sur quoi il prit un parti un peu violent, qui sans doute lui fut inspiré par la facilité que ce prince avait eue de se laisser conduire en prison, et par sa patience à toute épreuve. Cortès fit donc apporter des fers qui servaient aux criminels ; et alla trouver l'empereur, suivi d'un soldat qui portait ces fers à découvert, de Marine, et de quelques capitaines. Il n'oublia aucune des révérences dont il témoignait ordinairement son respect à ce prince ; après quoi, élevant sa voix, il lui dit fièrement : « Que « Qualpopoca et les autres coupables étaient condamnés « à mourir, après avoir confessé leur crime, qui les ren- « dait dignes de cette punition ; mais qu'ils l'en avaient « chargé lui-même, en soutenant affirmativement, qu'ils « ne l'avaient commis que par les ordres de l'empereur. « Qu'ainsi il était nécessaire qu'il se purgeât par quel- « que mortification personnelle, de ces indices si vio- « lents ; parce qu'encore que les souverains ne fussent « pas soumis aux peines de la justice ordinaire, ils « étaient néanmoins sujets à une loi supérieure, qui « avait droit sur leurs couronnes ; et qu'ils doivent imi- « ter en quelque façon les coupables, quand ils se trou- « vaient eux-mêmes convaincus, et qu'ils voulaient don- « ner quelque satisfaction à la justice du Ciel... » Il commanda alors, d'un ton ferme et absolu, qu'on mît les fers à Montézuma : et sans lui donner le temps de répon- dre, il tourna brusquement le dos le laissant en cet état. Le général se retira ainsi en son appartement, où il donna ordre de doubler toutes les gardes, et de ne point permettre que l'empereur eût aucune communication avec ses ministres. Montézuma fut tellement étourdi, de se voir traité d'une manière si honteuse, et si outra- geante, qu'il n'eut ni la force d'y résister, ni le cœur de s'en plaindre : il fut longtemps en cet état, comme un homme hors de soi. Ceux de ses domestiques qui étaient présents accompagnaient sa douleur de leurs larmes, sans oser lui parler. Ils se jetaient à ses pieds, afin de les sou- lager du poids des fers, lorsque ce prince revenant de son étourdissement, donna d'abord quelques marques de chagrin et d'impatience ; mais il revint bientôt de ces mouvements, et comme son malheur lui parut être un effet de la volonté de ses dieux, il en attendit le succès avec quelque inquiétude de voir sa vie en danger ; mais aussi avec assez de retour sur ce qu'il était, pour témoigner que sa crainte n'était point manque de courage.

Cortès ne perdit point de temps à presser l'exécution de ce qu'il avait résolu : il fit conduire les criminels au supplice, après avoir pris toutes les précautions nécessaires pour ne rien risquer en cette action. Elle se passa en présence d'une multitude presque innombrable, sans qu'on entendît aucun bruit qui pût causer le moindre soupçon. Il semblait qu'il fût tombé sur ces Indiens un esprit de frayeur, qui tenait en partie de l'admiration, et en partie du respect. Véritablement ils furent surpris de voir exercer pareils actes de juridiction par des étrangers, qui tout au plus, n'avaient d'autre caractère que celui d'ambassadeurs d'un autre prince : mais ils n'eurent pas la hardiesse de mettre en question un pouvoir qu'ils voyaient établi par la tolérance de l'empereur. C'est ce qui les fit accourir tous à ce spectacle, avec une espèce de tranquillité mortifiée qui tenait quelque chose de l'effroi, sans néanmoins qu'on en pût faire la différence. Ce qui contribua beaucoup à maintenir cette tranquillité, fut que l'action de Qualpopoca, bien loin d'être approuvée par les Mexicains, leur parut encore plus odieuse par cette circonstance, qu'il en avait chargé son souverain..

Cortès revint alors en diligence à l'appartement de

Montézuma, qu'il salua d'un air fort gai, et dit : « Qu'on venait de punir ces traîtres qui avaient eu l'insolence de noircir la réputation de leur prince, et que pour lui, il avait rempli avantageusement son devoir, en le soumettant à la justice de Dieu, par ce petit sacrifice qu'il lui avait fait de sa liberté. » Alors, sans attendre davantage, Cortès commanda qu'on ôtât les fers à l'empereur; ou, comme certains auteurs le rapportent, il se mit à genoux, afin de les lui ôter lui-même. La présence d'esprit qui brillait en toutes les actions du général, donne lieu de croire en effet, qu'il voulut par cette galanterie, réparer avec plus de grâce, la honte que Montézuma avait reçue : et ce prince applaudit à ce faux retour de sa liberté, par des transports de joie difficiles à exprimer. Il embrassa le général ; et il ne pouvait finir les compliments qu'il lui fit sur ce sujet. Ils s'assirent, et Cortès, par un autre trait de générosité qu'il savait placer si à propos, commanda qu'on levât toutes les gardes ; et dit à Montézuma qu'il pouvait se retirer à son palais quand il lui plairait, puisque la cause de sa détention était cessée. Il lui présentait, à coup sûr, le parti qu'il savait bien que l'empereur n'accepterait pas ; parce qu'il lui avait entendu dire plusieurs fois, fort positivement, qu'il ne convenait pas à sa dignité de retourner en son palais, ni de se séparer des Espagnols, jusqu'à ce qu'ils se retirassent de sa cour, d'autant qu'il perdait toute l'estime de ses sujets, s'ils venaient à comprendre qu'il ne tenait sa liberté que d'une main étrangère. Ce sentiment, que le temps lui fit croire être tiré de son propre fond, lui avait été en effet inspiré par Marine et par quelques capitaines espagnols, suivant l'ordre de Cortès, qui employait adroitement les raisons d'Etat, à retenir plus sûrement ce prince dans sa prison.

Je le traitai si bien, et il était si content de moi, que je lui parlai souvent et en vain de la liberté : il me répondait toujours qu'il se trouvait bien, que rien ne lui manquait, qu'il avait les mêmes agréments que chez lui ; que s'il s'en allait, il pourrait arriver que les caciques et ses sujets l'importunassent et l'induisissent à des démarches préjudiciables au service du roi, qu'il avait à cœur de servir de son mieux : au lieu qu'en restant, il répondait à toutes les importunités par le défaut de liberté qui lui servait toujours d'excuse. Il me demandait fort souvent la permission d'aller s'amuser dans plusieurs maisons qu'il avait tant au dedans qu'au dehors de la ville : jamais je ne la lui ai refusée ; il emmenait souvent avec lui cinq ou six Espagnols à une ou deux lieues, et revenait toujours gai et content dans le logement où je le retenais.

Il faisait toutes les fois qu'il sortait des présents, soit en bijoux, soit en étoffes, aux Espagnols qui le suivaient ; il leur prodiguait les fêtes et les repas, ainsi qu'aux caciques et aux seigneurs distingués qui l'accompagnaient presque toujours jusqu'au nombre de 3,000.

Une fois bien convaincu des dispositions favorables de Montézuma et de sa soumission, je le priai de m'indiquer les mines d'or du pays.

Il fit venir aussitôt huit de ses serviteurs, qu'il répartit de deux en deux dans les provinces d'où l'on tirait l'or, et me demanda autant d'Espagnols pour être témoins de leur opération : les uns se transportèrent dans la province de Cuzula, éloignée de 80 lieues de Mexico, où on leur montra trois rivières qui produisaient de l'or; ils m'en apportèrent trois échantillons du très bon, quoique tiré avec peu de soins et avec les seuls instruments dont les Indiens ont coutume de se servir. Ces premiers Espagnols, en allant à cette destination, traversèrent trois grandes provinces, ornées d'une grande quantité de villes, de bourgs et de villages, aussi bien bâtis qu'en aucune partie de l'Espagne; ils rencontrèrent entre autres une forteresse plus grande, plus forte et mieux bâtie que le château de Burgos. Les habitants de la province de Tamazulapa leur parurent de la plus grande intelligence, et beaucoup mieux vêtus que les autres Indiens que nous avions vus jusqu'ici.

Les Espagnols et Indiens de la seconde division parcoururent la province de Malinaltebeque, à 70 lieues de Mexico, du côté de la mer; ils m'apportèrent des échantillons d'or d'une grande rivière qui coule dans ces contrées.

La troisième division marcha dans la province de Tenis, dont les habitants parlent une langue différente de ceux de la province de Culua. Le cacique qui y commande s'appelle Coatelicamat.

Comme ses possessions existent sur une chaîne de montagnes très élevées et très escarpées ; comme ses sujets sont très belliqueux et combattent avec des lances longues de 15 à 18 pieds, ils ne dépendent point de Montézuma : aussi les Indiens, qui accompagnaient nos Espagnols, n'osèrent-ils entrer dans le pays, sans en faire demander la permission au cacique. On vint lui dire que Montézuma leur maître et moi désiraient qu'il eût pour agréable de faire montrer aux Espagnols les mines d'or qu'on exploitait dans son pays. Coatelicamat en accorda la permission aux Espagnols seulement, et la refusa aux sujets de Montézuma comme à ses ennemis. Les Espagnols furent quelque temps à se décider s'ils entreraient seuls ou non, dans la province de Tenis, parce que leurs compagnons Indiens firent tout ce qu'ils purent pour les intimider ; mais ils se décidèrent à marcher en avant, et furent très bien reçus du cacique et des habitants, qui leur montrèrent sept ou huit ruisseaux, dont ils tirèrent effectivement de l'or en leur présence, et dont ils m'apportèrent des échantillons

Coatelicamat me renvoya mes Espagnols avec quelques députés, qui vinrent m'offrir de sa part des étoffes de son pays, des bijoux d'or, ses terres et sa personne.

La quatrième division parcourut la province de Tuchitebeque, située vers la mer, à 12 lieues de celle de Malinaltebeque. On lui montra deux rivières, d'où l'on tira de l'or en sa présence, et dont elle m'apporta aussi des échantillons.

Le rapport des Espagnols m'ayant appris qu'il y avait dans cette province beaucoup d'endroits où l'on pouvait construire des habitations propres à tirer l'or, je priai Montézuma d'en faire construire une dans cette province de Malinaltebeque : les ordres qu'il donna à ce sujet furent si promptement exécutés, que deux mois après ma prière, il y avait déjà 70 fanegues de blé, 10 fanegues de fèves blanches de semées, et 2,000 pieds de cacao de plantés ; ils faisaient tant de cas de cette dernière production, qu'en place d'argent, elle servait à échanger et à acheter dans tous les marchés possibles. Montézuma fit encore construire quatre autres métairies ou habitations, dans l'une desquelles on pratiqua une pièce d'eau pour 500 canards, dont on emploie les plumes pour se vêtir. Il mit dans une autre plus de 1,500 poules, sans compter beaucoup d'autres effets que les Espagnols estimaient 20,000 écus d'or.

Je priai encore Montézuma de m'indiquer sur les côtes de la mer quelque embouchure de rivière ou ports dans lesquels les navires pussent mouiller en sûreté. Il me fit remettre une carte de toutes les côtes de son empire, peintes sur le drap, et me proposa des guides pour envoyer reconnaître les points correspondants à mes vues. J'y remarquai l'embouchure d'une rivière plus ouverte que les autres, placée dans des chaînes de montagnes appelées Sanmyn autrefois, et aujourd'hui Saint-Martin et Saint-Antoine ; j'y envoyai dix pilotes ou matelots, sous l'escorte que Montézuma donna : ils partirent du port de Saint-Jean, où je débarquai, pour parcourir la côte ; ils firent plus de 60 lieues, sans trouver ni port ni rivière où il pût entrer un navire. Ils arrivèrent enfin à l'embouchure du fleuve de Guacalco, que j'avais remarqué sur la carte. Le cacique de la province, appellé Tuchintecla, les reçut très bien, et leur donna des canots pour examiner la rivière. Ils la trouvèrent à son embouchure profonde au moins de deux brasses et demie. Ils la remontèrent environ 12 lieues, et trouvèrent toujours dans la plus grande profondeur cinq ou six brasses d'eau. Selon leurs observations, ils prétendirent que cette rivière a la même profondeur pendant plus de 30 lieues ; que ses rives sont très peuplées ; que la province qu'elle parcourt consiste dans le terrain le plus uni, le plus fertile et le plus abondant en toutes sortes de productions. Les habitants de cette province sont ennemis de Montézuma. Le cacique, en permettant l'entrée aux Espagnols, la défendit à l'escorte mexicaine qui les accompagnait. Il m'envoya des députés, chargés de bijoux d'or, de peaux de tigres, de panaches, de pierres, et d'étoffes, avec ordre de me dire, en me les présentant, que Tuchintecla leur maître avait depuis longtemps entendu parler de moi par les habitants de Putunchau ses amis, qui, après avoir entrepris de me défendre l'entrée de leur pays, s'étaient soumis, et avaient obtenu mon amitié. Ces députés ajoutèrent que Tuchintecla se soumettait entièrement à mes ordres, ainsi que toute sa province, pourvu que j'en défendisse l'entrée aux habitants de Culua; que tout ce qu'elle produisait était à mon service, et qu'il me payerait le tribut annuel que je lui imposerais.

Sur le rapport de mes dix Espagnols de la situation et de la population de cette province, sur la découverte d'un port qui avait fait l'objet de tous mes vœux depuis ma descente, je renvoyai avec les députés de Tuchintecla de nouveaux experts pour vérifier les sondes du port et de la rivière, la population de la province, la bonne volonté des habitants et remarquer les lieux propres à former les établissements utiles. Ils remirent, de ma part, des présents à Tuchintecla : ils en furent bien reçus, et remplirent l'objet de leur commission dans le plus grand détail. Certain de la bonne volonté de Tuchintecla, je pris le parti d'envoyer dans cette province un capitaine et 150 hommes pour tracer le plan et construire une forteresse, d'après les offres du cacique, qui témoigna le plus vif désir de satisfaire à tous mes besoins et de me voir fixé dans son pays.

Avant d'arriver à Temixtitan, j'avais remarqué qu'un grand seigneur, proche parent de Montézuma, était venu de sa part au-devant de moi; il possédait une province contiguë à celle de Montézuma, appelée Haculuacan.

A l'entrée de cette province, à 6 lieues de Temixtitan par eau, et à 10 lieues par terre, il y a sur le bord du marais salant, une grande île, nommée Tescuco, qui contient 30,000 âmes, de beaux édifices, des maisons superbes, des oratoires bien décorés et de grands marchés ; et deux autres villes, contenant 3 ou 4,000 habitants, à 3 et à 6 lieues de distance de la première. Cette province de Haculuacan contient en outre une grande quantité de bourgs, de villages, de métairies et de bonnes terres labourables : elle confine à la province de Tascalteca, et elle obéissait à un cacique nommé Cacamazin, qui, depuis la prise de Montézuma, s'était révolté autant contre lui que contre le roi son maître, auquel il avait cependant offert ses services. Montézuma lui donnait en vain des ordres; c'était en vain que je lui parlais au nom du roi : il répondait toujours qu'on pouvait venir chez lui, lui donner des ordres, et qu'on verrait les services qu'il était obligé de rendre. N'ayant pu rien obtenir de lui, ni en lui ordonnant, ni en le priant, le sachant escorté et défendu par un corps d'armée considérable et aguerri, je me consultai avec Montézuma sur les moyens de punir ce cacique de sa rébellion..

Montézuma prétendit qu'il y aurait du danger à

vouloir prendre de vive force un cacique puissant qui avait une armée à ses ordres, mais qu'il était possible d'y suppléer par la ruse, ayant surtout à ses gages des notables qui vivaient habituellement avec Cacamazin. Effectivement, Montézuma prit si bien ses mesures, que ces notables, qui lui étaient dévoués, engagèrent Cacamazin à se rendre dans l'une de ses maisons, située sur le marais salant, pour y conférer de leurs affaires. On y avait aposté des canots remplis de soldats, dans le cas où Cacamazin se défendrait. Pendant qu'il était à délibérer, les dévoués à Montézuma le prirent, sans que ses gens s'en aperçussent, le firent descendre dans un canot, et me l'amenèrent à Temixtitan. Je le fis mettre aux fers et en lieu de sûreté; et, après avoir pris l'avis de Montézuma, je nommai à sa place son frère, appelé Cucuscacin; j'ordonnai à à tous les seigneurs et habitants de cette province de lui obéir comme à leur cacique : mes ordres à cet égard furent exécutés, et je n'ai jamais eu à me plaindre depuis de celui qui en était l'objet.

Quelques jours après la détention de Cacamazin, Montézuma fit assembler chez lui tous les caciques des villes et des environs. Lorsqu'ils furent réunis, il m'envoya prier de me transporter où ils étaient, et leur parla ainsi devant moi : « Mes frères et mes amis depuis longtemps, vous, vos pères et vos aïeux avez été ou mes sujets ou ceux de mes ancêtres; nous vous avons toujours traités avec distinction et bonté, et vous nous avez toujours servi loyalement. Vous n'ignorez pas non plus, par la tradition de vos ancêtres, que nous ne sommes pas originaires de ce pays, mais que nos pères y ont été amenés par un souverain qui les y laissa. Que ce souverain étant revenu longtemps après, soit pour ramener ses sujets, soit pour régner parmi eux, trouva tant d'opposition à ces deux projets parmi nos ancêtres qui s'y étaient prodigieusement multipliés, qu'il s'en retourna, en promettant d'envoyer des forces capables de les contraindre à recevoir ses lois. Nos pères et nous l'avons vainement attendu. Mais suivant ce que ce capitaine rapporte du roi et du maître qui l'a envoyé, en comparant le point d'où il est parti à celui annoncé par nos anciennes prédictions, je suis certain, et vous devez l'être aussi, qu'il vient de la part du maître que nous attendions. Puisque nos prédécesseurs n'ont pas rendu à leur souverain l'obéissance qu'ils lui devaient, faisons-le, nous autres, et remercions les dieux de voir arriver de nos jours ce que nos ancêtres attendaient depuis si longtemps. Obéissez donc dorénavant à ce grand roi, votre souverain naturel, et au capitaine qui le représente, comme vous m'avez obéi jusqu'à ce jour. Payez-lui tous les impôts que vous m'avez payés jusqu'ici, servez-le comme vous me serviez. Par là, non seulement vous ferez ce que vous devez, mais tout ce qui peut dans le monde me faire le plus grand plaisir. »

Montézuma prononça ce discours en fondant en larmes et en poussant les plus profonds soupirs. Ceux qui l'écoutaient partagèrent ses sentiments au point de ne pouvoir répondre. Tous les Espagnols qui l'entendirent furent émus de compassion; mais après quelques moments de silence, tous ces caciques répondirent à Montézuma qu'ils l'avaient toujours regardé comme leur maître et avaient toujours promis d'exécuter ses ordres; qu'en conséquence, ils se soumettaient au roi d'Espagne, et promettaient tous ensemble, et chacun en particulier, de faire, comme de bons et loyaux sujets, tout ce que je leur ordonnerais, de payer tous les impôts que j'exigerais et de servir mon maître comme ils servaient Montézuma. L'acte de cette soumission fut rédigé par un écrivain public, et signé de toutes les parties, en présence de plusieurs Espagnols comme témoins.

Cet acte étant passé, je parlai, d'après l'ordre des caciques, à Montézuma, du besoin d'or qu'avait Votre Majesté pour différents ouvrages qu'elle faisait faire. Je le priai d'envoyer, de son côté, quelques députés chez ces caciques, tandis que j'y enverrais du mien quelques Espagnols pour les déterminer à remplir à cet égard les désirs de Votre Majesté, et à lui donner par là des témoignages de leur bonne volonté; j'engageai Montézuma à donner l'exemple.

Il distribua, sous escorte de ses gens, les Espagnols que je lui donnai pour cette opération, de deux en deux et cinq en cinq, pour toutes les provinces et grandes villes de son empire, dont quelques-unes étaient à 80 et à 100 lieues de Mexico. Il envoya en même temps des ordres aux caciques de remplir une certaine mesure d'or que je leur remis. Tous exécutèrent ponctuellement ses ordres tant en joyaux, bijoux, qu'en feuilles d'or ou d'argent.

Après avoir fait fondre tout ce qu'il fallait mettre au creuset, il en résulta pour le quint appartenant au roi plus de 32,400 écus d'or, sans compter les bijoux d'or et d'argent, les panaches, les pierres et les effets précieux que je vous réservai, et qui valaient au moins 100,000 ducats.

Ces bijoux, indépendamment de leur valeur intrinsèque, sont d'un prix inestimable à cause de leur nouveauté et de la singularité de leurs formes ; aucun prince de l'univers n'en peut avoir de semblables. Tout ce que Montézuma a vu sur la terre ou tiré du fond de la mer a été, par ses ordres, imité en or, en argent, en pierreries et en plumes avec toute la perfection imaginable. Il a fait exécuter encore sur mes desseins des figures, des crucifix, des médailles, des bijoux et des colliers à l'européenne.

Il revient également au roi pour le quint de la vaisselle et de l'argenterie que j'ai fait faire par les gens du pays, plus de 100 marcs d'argent ; en outre Montézuma m'a donné pour lui une quantité d'étoffes de coton de la plus grande beauté, tant pour les couleurs que pour le travail ; des tentures de tapisseries pour les églises et pour les appartements ; des couvertures en coton ou en laine de la plus grande finesse, et 12 sarbacanes superbement ornées et peintes.

Il faudrait plus de talent et plus de temps que je n'en ai, pour rendre un compte bien exact de l'étendue du Mexique, des choses singulières qu'on y rencontre, de la police qu'on y exerce, des mœurs, des usages de ses habitants. Si ma relation pèche, ce sera beaucoup plutôt pour en dire trop peu, que pour en dire trop. Nous voyons tous les jours des choses si surprenantes, qu'à peine pouvons-nous en croire nos propres yeux. Il ne serait donc pas bien étonnant que je n'obtinsse pas une grande créance dans les pays éloignés, quoiqu'il soit de mon devoir de dire à mon prince et à mon maître la vérité sans altération.

La province du Mexique est composée d'un vallon de 90 lieues environ de circonférence ; elle est entourée de montagnes élevées et escarpées ; le vallon est presque entièrement occupé par deux lacs ou marais : le plus grand d'eau salée, et le plus petit d'eau douce. Ces deux lacs sont séparés, d'un côté par une chaîne de coteaux élevés, situés au milieu de la dite plaine. Comme le lac salé augmente ou diminue suivant la marée, l'eau de ce lac tombe dans le lac d'eau douce en haute marée, et dans les marées basses le lac d'eau douce se perd dans le lac salé.

Temixtitam ou Mexico est situé dans le lac salé. De tel côté qu'on veuille y arborder de la terre ferme, il y a au moins 2 lieues d'eau à traverser sur quatre chaussées d'environ 20 pieds de large. La ville est aussi grande que Séville et Cordoue ; les rues principales en sont très larges et très droites.

Quelques-unes de ces rues et la plupart des autres, sont moitié en terre et moitié en canaux qui se communiquent tous les uns aux autres sous des ponts où on peut faire passer dix chevaux de front, et qui sont composés de solives larges, grandes, fortes et bien travaillées. Dès que j'eus remarqué la situation de cette ville, et la facilité qu'elle donnait pour nous trahir ou pour nous faire mourir de faim, sans qu'il nous soit possible de rejoindre la terre ferme, je fis construire quatre brigantins sur chacun desquels je pouvais transporter 300 hommes et des chevaux à volonté.

Les rues de la ville, fort larges, paraissaient avoir été tirées au cordeau, dit Solis : les unes étaient d'eau, avec leurs ponts, pour la communication des habitants; les autres, de terre seule, avaient été faites à la main ; enfin, on en voyait quelques-unes de terre et d'eau ensemble ; la terre des deux côtés, pour le passage des gens de pied; et l'eau au milieu, pour l'usage des canots et des barques de diverses formes, qui naviguaient partout dans la ville, ou qui servaient au commerce, et dont le nombre paraîtra peut-être incroyable, puisque les Mexicains assurent qu'il allait à cinquante mille, sans compter les autres petites embarcations, qu'ils appelaient *acales*, faites d'un seul tronc d'arbre, et capables de contenir un homme qui ramait.

Les édifices publics et les maisons des nobles, qui composaient la plus grande partie de la ville, étaient de pierre et bien bâties; celles du peuple, basses et inégales; mais les unes et les autres disposées en sorte qu'elles laissaient différentes places d'un terrain plein et uni, où se tenaient les marchés.

La place de Tlateluco, d'une étendue admirable, était celle où l'on voyait le plus grand concours de monde, à cause de ses foires, qui se tenaient à certains jours de l'année, où les paysans et les marchands de tout le royaume se rendaient, avec ce qu'ils avaient de plus précieux, tant en fruits ou productions de la terre, qu'en ouvrages manufacturés. Ils accouraient en si grand nombre, qu'encore que Herrera nous présente cette place comme une des plus grandes du monde, elle était néanmoins remplie de leurs tentes, toutes alignées, et si pressées, qu'à peine les acheteurs pouvaient-ils trouver de la place entre deux rangs. Chacun connaissait son poste; et les boutiques étaient protégées de couvertures garnies de coton grossier à l'épreuve du soleil et de la pluie. Nos écrivains s'attachaient à raconter l'ordre, la variété et la richesse de ces marchés. Il y avait des rangs d'orfèvres qui vendaient des joyaux et des chaînes d'un travail singulier; des vases et diverses figures d'animaux d'or ou d'argent, faits avec tant d'art, que quelques-uns de ces ouvrages ont épuisé toute l'habileté et tout l'étonnement de nos meilleurs ouvriers; particulièrement de petites marmites, dont les anses étaient mobiles, quoiqu'elles eussent été fondues d'un même jet avec la marmite; et d'autres pièces de ce genre, où l'on trouvait des moulures et du relief, sans la moindre trace, ni apparence du travail au marteau, ni au ciseau. On voyait des rangs de peintres, qui exposaient des dessins et des paysages d'un très bon goût, et faits de plumes, qui donnaient le coloris et la vie au tableau ; en sorte qu'on a vu des ouvrages de cette espèce, où l'on ne savait lequel admirer, de l'art ou de la patience du peintre. Toutes les variétés de toiles qui se fabriquaient dans ce vaste empire, se vendaient à ces marchés : elles étaient faites de coton et de poils de lapin, filés ensemble par des femmes qui étaient très adroites à cette sorte de manufacture. On vendait ailleurs des buyes, des cuvettes et autres ouvrages d'une forme exquise et d'une poterie très fine, différente en couleur et en odeur même ; ils composaient, avec une adresse surprenante, tous les vases nécessaires au service du ménage et à l'ornement des chambres, l'usage n'étant point d'avoir de l'or et de l'argent en vaisselle, hors le palais de l'empereur, où encore on ne s'en servait qu'aux jours des plus grandes fêtes. On y trouvait aussi en abondance toutes sortes de fruits, de viandes et de poissons, et enfin tout ce qui pouvait contribuer au plaisir et aux besoins de la vie. L'achat et la vente se faisaient par échange, chacun donnant ce qu'il avait de trop, pour ce qui lui manquait. maïs et le cacao servaient seulement de monnaie pour les choses de moindre valeur. Les affaires ne se réglaient point par le poids, mode de transactions qu'ils ne connaissaient pas ; mais ils avaient différentes mesures qui leur servaient à distinguer la quantité, outre l'usage des chiffres et des nombres, par lesquels ils déterminaient le prix de chaque chose, suivant la taxe.

Il y avait une maison où les juges du commerce tenaient

leur tribunal, destiné à régler les différends entre les négociants. D'autres ministres inférieurs allaient par les marchés maintenir par leur autorité, l'égalité dans les traités, et ils rapportaient au premier tribunal les causes où ils trouvaient que la fraude ou l'excès du prix méritaient quelque châtiment. Nos Espagnols admirèrent avec justice, la première fois, l'abondance, la diversité, l'ordre et la police de ces marchés, où cette multitude presque infinie de peuple trafiquait si paisiblement. C'était véritablement un spectacle merveilleux, qui représentait d'un coup d'œil, la grandeur et le gouvernement de cet empire.

Les temples, s'il est permis de leur donner ce nom, s'élevaient magnifiquement au-dessus de tous les autres édifices. Le plus grand, lieu de la résidence du chef de ces infâmes sacrificateurs, était consacré à l'idole *Viztzilipuztli*, qui signifiait, en leur langue, le dieu de la guérre, et qui passait pour le souverain de tous leurs dieux. On peut juger, par cet attribut de souveraineté, combien cette nation estimait l'art militaire. Les soldats espagnols appelaient cette idole *Huchilobos*, par corruption de nom et de prononciation; et c'est ainsi que Bernard Diaz l'a nommée, parce qu'il trouvait la même difficulté à écrire son vrai nom. Nos auteurs sont fort opposés les uns aux autres, sur la description de ce superbe bâtiment. Herrera s'est entièrement attaché à celle de Gomara : ceux qui l'ont vu depuis, avaient d'autres choses en tête, et les auteurs modernes en ont formé des dessins suivant leur imagination. Nous suivons le Père Joseph d'Acosta, et d'autres plus exacts et mieux informés.

On entrait d'abord dans une grande place carrée et fermée d'une muraille de pierre, où plusieurs couleuvres entrelacées de diverses manières se détachaient en relief sur la muraille, principalement au frontispice de la première porte, qui en était chargé, et imprimaient de l'horreur. Avant d'arriver à cette porte, on rencontrait une espèce de chapelle, qui n'était pas moins affreuse : elle était de pierre, élevée de trente degrés, avec une terrasse en haut ; on y avait planté sur un même rang, et d'espace en espace, plusieurs troncs de grands arbres taillés également et soutenant des perches qui passaient d'un arbre à l'autre. Les prêtres avaient enfilé par les tempes, à chacune de ces perches, quelques crânes des malheureux qui avaient été immolés ; le nombre en était toujours égal, parce que les ministres du temple avaient soin de remplacer ceux qui tombaient par l'injure du temps, déplorable trophée, où l'ennemi du genre humain étalait les marques de sa rage, que ces barbares conservaient sans aucun remords de la nature, où la cruauté prenait le masque de la religion et où la mort, accompagnée de tout ce qu'elle a de terrible, devenait familière aux yeux par l'habitude.

Les quatre côtés de la place avaient chacun une porte qui se correspondaient, et étaient ouvertes sur les quatre vents principaux. Chaque porte avait sur son portail quatre statues de pierre, qui semblaient par leurs gestes montrer le chemin, comme si elles eussent voulu renvoyer les indécis : elles tenaient le rang de dieux liminaires, ou portiers, parce qu'on leur faisait quelques révérences en entrant. Les logements des sacrificateurs et des ministres étaient appliqués à la partie intérieure de la muraille de la place avec quelques boutiques qui en occupaient tout le circuit; ces constructions ne retranchaient que fort peu de chose de la capacité de cette place si vaste, que huit à dix mille personnes y dansaient commodément, aux jours de leurs fêtes les plus solennelles.

Au centre de cette place s'élevait une grande masse de pierre qui, par un temps serein, se découvrait au-dessus des plus hautes tours de la ville. Elle allait toujours en diminuant jusqu'à former une demi-pyramide, dont trois des côtés étaient en glacis et le quatrième soutenait un escalier : édifice pompeux, et qui avait toutes les proportions de la bonne architecture. Sa hauteur était de cent vingt degrés, et sa construction si solide, qu'elle se terminait par une place de quarante pieds carrés, dont le plancher était couvert fort proprement de divers carreaux de jaspe de toute sorte de couleurs. Les piliers ou appuis formaient balustrade autour de cette place, et étaient tournés en coquille de limaçon, et revêtus par les deux faces, de pierres noires semblables au jais, ajustées avec soin et jointes, au moyen d'un bitume rouge et blanc, ce qui donnait beaucoup d'agrément à tout cet édifice.

Des deux côtés de la balustrade, à l'endroit où l'escalier finissait, deux statues soutenaient deux grands chandeliers d'une forme extraordinaire. Plus en avant, s'élevait une pierre verte de cinq pieds de haut et taillée en dos d'âne ; c'était sur elle que l'on étendait sur le dos, afin de lui fendre la poitrine et en tirer le cœur, le misérable qui devait servir de victime. Au-dessus de cette pierre, en face de l'escalier, on trouvait une chapelle solide et bien disposée, couverte d'un toit de bois rare et précieux, sous lequel ils avaient placé leur idole sur un autel fort élevé et entouré de rideaux. Elle ressemblait à un homme et était de figure humaine, assise sur un trône soutenu par un globe d'azur, qu'ils appelaient le ciel. Il sortait, des deux côtés de ce globe, quatre bâtons, dont le bout était taillé en tête de serpent, que les sacrificateurs portaient sur leurs épaules, lorsqu'ils produisaient leur idole en public. Elle avait sur la tête un casque de plumes de diverses couleurs, représentant un oiseau avec le bec et la tête d'or bruni. Son visage était affreux et sévère, et encore plus enlaidi par deux raies bleues tracées l'une sur le front et l'autre sur le nez. Sa main droite s'appuyait sur une couleuvre ondoyante, qui lui servait de bâton ; la gauche portait quatre flèches, que les indigènes révéraient comme un présent du ciel, et un bouclier couvert de cinq plumes blanches mises en croix. Tous ces ornements, ces marques et ces couleuvres avaient une signification mystérieuse.

Une autre chapelle à gauche de la première, aussi grande et bâtie de même, enfermait l'idole appelée *Tlaloch*, semblable à celle qu'on vient de décrire : aussi les Indiens tenaient-ils ces dieux pour frères, et si bons amis, qu'ils partageaient entre eux le pouvoir souverain sur la guerre, et les considéraient comme égaux en force et uniformes en volonté. C'est pour cette raison que tenant, pour ainsi dire, leur dévotion en équilibre, ils ne leur offraient à tous deux qu'une même victime, que les prières étaient en commun, et qu'ils les remerciaient également de ce qui leur arrivait d'heureux.

Le trésor de ces deux chapelles était d'un prix inestimable : les murailles et les autels étaient couverts de joyaux et de pierres précieuses fixées sur des plumes de couleur. Il y avait huit temples dans la ville, aussi riches et bâtis à peu près de la même manière. Les autres, moins importants, allaient à deux mille ; on y adorait autant d'idoles différentes en nombre, en figures et en pouvoir. A peine y avait-il une rue qui n'eût son dieu tutélaire, et il n'est point de mal dont la nature se fait payer un tribut par notre infirmité, qui n'eût son autel, où ils couraient pour y trouver le remède. Leur imagination blessée se forgeait des dieux de sa propre crainte, sans considérer qu'ils affaiblissaient le pouvoir des uns, par celui qu'ils attribuaient aux autres.

Il existe dans les différents quartiers de Mexico de superbes édifices ou temples destinés au culte des idoles, auprès desquels existent des maisons de la plus grande beauté, pour loger des ministres ou religieux qui sont vêtus de noir, qui ne se coupent ni ne se peignent les cheveux depuis le moment où ils entrent en religion jusqu'à celui où ils en sortent. Les enfants des caciques, et des plus distingués, sont élevés par ces religieux, portent leurs habits et suivent leur règle depuis l'âge de sept à huit ans jusqu'à leur mariage : ces religieux font vœu de continence, et jamais femmes n'entrent dans leur maison ; ils pratiquent aussi des abstinences plus rigoureuses à certaines époques de l'année que dans d'autres.

Le temple principal de Mexico a une enceinte aussi vaste que l'emplacement occupé par un bourg de 500 habitants, il est surmonté par 40 tours d'environ cent degrés d'élévation chacune : la principale est aussi élevée que celle de la cathédrale de Séville ; elles sont toutes très solidement bâties en pierre de taille, avec des charpentes peintes bien assemblées. Les principaux seigneurs de Mexico ont dans chacune de ces trois tours leurs idoles et leur sépulture.

Dans l'intérieur de ce temple existent trois nefs où sont placées les idoles de la plus haute stature. Je fis renverser toutes ces idoles, nettoyer les chapelles spéciales où se faisaient les sacrifices humains, et j'y plaçai des images de Notre-Dame et d'autres saints.

Montézuma fut, ainsi que ses sujets, très affecté de ce changement ; il me fit prier d'abord de le suspendre, et me fit dire que je devais m'attendre à voir soulever contre moi le peuple, qui croyait que ces idoles lui donnaient tous les biens temporels, et qu'en les laissant maltraiter, il s'exposait à les fâcher, à voir sécher tous les fruits de la terre et à mourir de faim.

Je tâchai de leur faire entendre par mes interprètes combien il était insensé de mettre leur espérance dans des idoles travaillées de leurs mains et composées d'ordures ; qu'il devait savoir qu'il n'y avait qu'un seul Dieu, souverain, universel, qui avait créé le ciel, la terre et toute la nature ; qui était immortel, c'est-à-dire, sans commencement ni fin ; qu'ils devaient ne croire qu'en lui, et non dans aucune créature, ni matière périssable : j'y ajoutai tout ce qui pouvait les détourner de leur idolâtrie, et les attirer à la croyance au vrai Dieu.

Ils me répondirent tous et particulièrement

Montézuma, que n'étant point originaires du Mexique, il pourrait bien se faire qu'ils se soient trompés dans quelques points de leur croyance originelle depuis le temps qu'ils étaient sortis de leur pays natal ; que je méritais plus particulièrement leur créance, puisque j'en sortais plus récemment ; qu'ils voyaient bien qu'ils n'avaient rien de mieux à faire qu'à me consulter, et à suivre mes avis sur ce point. Dès ce moment, Montézuma et les principaux seigneurs de sa suite se mirent comme moi à renverser les idoles, à nettoyer les chapelles et à y placer les images avec un air de satisfaction. Je leur défendis expressément tous sacrifices humains, en leur disant que, non seulement leur Divinité avait ces sacrifices en exécration, mais même que les lois humaines les défendaient, sous les peines les plus rigoureuses, puisqu'elles ordonnaient de tuer quiconque donnait la mort à son semblable. Ces horribles sacrifices cessèrent au point qu'il n'y en eut pas un pendant mon séjour à Mexico.

Leurs idoles ou statues surpassaient de beaucoup les proportions humaines ; elles étaient composées d'un mélange de légumes et de graines pétries avec le sang des hommes, auxquels ils ouvraient la poitrine tout vivants pour en arracher le cœur qu'ils offraient à leurs divinités, dont la multiplicité égalait leurs désirs et leurs craintes.

Mexico est orné d'une quantité infinie de grandes et belles maisons, parce que tous les principaux seigneurs et caciques de l'empire y demeurent une partie de l'année, que tous les citoyens et négociants riches y sont très bien logés, et y possèdent presque tous de jolis parterres de fleurs de toute espèce. L'eau douce parvient à Mexico par deux tuyaux de deux pieds de circonférence chacun, et placés le long de l'une des chaussées, par lesquelles on aborde en cette ville : cette eau se distribue le long des rues dans différents canaux, pour être ensuite vendue au public.

Il y a des espèces de barrières à Mexico, où des commis préposés perçoivent des droits sur tout ce qui y entre. On trouve dans les marchés publics des ouvriers de toutes espèces qui y viennent pour s'y louer. Le peuple y est plus élégamment habillé que dans tout le reste de l'empire, parce que le séjour de Montézuma et des grands seigneurs y a introduit des modes et des usages particuliers et plus recherchés. Les mœurs en général y ont un très grand rapport avec les mœurs d'Espagne ; et comme on y remarque à peu près le même ordre et le même ensemble, on est frappé continuellement de la civilisation étonnante d'une nation barbare, séparée de toutes les nations policées et si éloignée de la connaissance du vrai Dieu.

Il serait difficile de décrire tout ce qui concerne le luxe, la magnificence, le faste et la représentation de Montézuma, par état ou par grandeur : il possédait, comme j'ai déjà dit, en or, en argent, en pierres précieuses ou en plumes, la représentation naturelle et parfaite de tout ce qui existe dans le monde.

D'après tous les renseignements que j'ai pris, son domaine était aussi considérable que l'Espagne : il commandait à plus de 200 lieues à la ronde, à l'exception de quelques provinces avec lesquelles il était en guerre. Tous les principaux caciques étaient aux ordres de Montézuma ; et leurs fils ainés, dévoués à son service, lui répondaient de leur fidélité : d'ailleurs, il possédait dans tous les départements des forteresses gardées par ses troupes et commandées par ses gouverneurs ; il avait ses receveurs particuliers dans chaque province : il connaissait parfaitement l'état de ses finances, qu'il avait tracé en caractères et en figures distinctives et intelligibles. Chaque province devait encore à Montézuma un tribut de service qu'elle lui rendait avec d'autant plus d'exactitude, qu'aucun prince de la terre n'était ni plus respecté, ni mieux obéi.

Montézuma possédait à Mexico, tant au dehors qu'au dedans de la ville, beaucoup de maisons de plaisance, toutes destinées à des divertissements différents. Ces maisons étaient bâties avec toute la solidité, la grandeur et la magnificence d'un souverain aussi riche, et telles qu'il y en a peu en Espagne. Il y en avait une entre autres un peu moins brillante que les autres, mais qui était décorée d'un superbe jardin, et surmontée par un belvédère du jaspe le mieux travaillé.

Cette maison pouvait aisément loger deux grands princes, avec toute leur suite ; il y avait dix pièces d'eau douce ou d'eau salée, dont on changeait l'eau à volonté par des écluses, qui étaient destinées à nourrir des oiseaux aquatiques de toutes les espèces, selon leur manière de vivre en liberté : 200 hommes étaient exclusivement destinés à prendre soin de ces oiseaux et à élever les petits. Chaque réservoir ou pièce d'eau avait un corridor qui conduisait à un belvédère, où Montézuma venait s'amuser.

Il y avait dans la même maison un quartier séparé, qui contenait des hommes, des femmes et des enfants nés blancs absolument du corps, du visage, des cheveux, des cils et des sourcils.

Dans une autre très belle maison, se trouvait une grande cour, pavée comme nos églises, dans laquelle il y avait quantité de cases de 9 pieds de profondeur et de 6 pieds d'élévation, destinées chacune à renfermer des oiseaux de proie de chaque espèce, qu'on nourrissait avec des poules, et qui étaient logés de manière qu'ils pouvaient à volonté aller au soleil et à l'air, ou se mettre à l'abri de la pluie. Cette espèce de ménagerie était encore composée des salles basses remplies de grandes cages en bois, destinées à renfermer des lions, des tigres, des chats sauvages, des fouines de toutes espèces, qu'on faisait vivre également de poules à discrétion.

Montézuma renfermait encore dans une autre maison des monstres humains, des nains, des bossus, des gens contrefaits : chaque difformité y avait son quartier séparé.

Montézuma avait à sa cour tous les matins plus de 600 caciques ou seigneurs, dont la suite remplissait plusieurs cours et même la grande rue qui aboutissait au palais. En servant à dîner au prince, on en servait également à toute la cour, et chaque valet ou personne de la suite avait aussi sa ration. Il y avait des offices et des cafés ouverts pour tous ceux qui voulaient boire ou manger. On servait à Montézuma jusqu'à 400 plats différents à chaque repas ; on mettait à contribution toutes les productions de la terre et des eaux pour le servir avec une profusion sans égale. Comme le pays est froid, chaque plat ou casserole avait son réchaud particulier. On rangeait tous les plats à la fois dans une grande salle tapissée et magnifiquement meublée, dans laquelle Montézuma mangeait ; il se plaçait, à une extrémité de la salle, dans un petit fauteuil de cuir parfaitement travaillé. Il était servi par un seul gentilhomme qui, debout, lui avançait les mets qu'il désirait, et demandait aux autres officiers de la bouche tout ce qui était nécessaire au service. Montézuma faisait servir de tout ce qu'il mangeait à cinq ou six vieux seigneurs qui étaient à table dans une autre extrémité de la salle. Avant et après le repas, on lui donnait à laver ses mains, et la serviette dont il s'était servi une fois ne reparaissait jamais une seconde, non plus que les plats et les casseroles, les écuelles et les réchauds. Il changeait tous les jours quatre fois d'habits, et ne remettait jamais les mêmes. Tous les seigneurs qui venaient lui faire la cour, n'entraient chez lui que déchaussés; et quand ceux qu'il envoyait chercher se présentaient devant lui, ils baissaient le corps et les yeux; ils levaient la tête et lui parlaient sans le regarder en face, par égard et par respect; je dis par respect, parce que quelques caciques reprenaient les Espagnols de ce qu'ils me parlaient sans honnêteté, sans s'incliner, et en me regardant en face.

Montézuma sortait rarement; mais quand cela lui arrivait, tous ceux qui l'accompagnaient ou qui le rencontraient dans les rues, lui tournaient le dos sans jamais le regarder : ceux qui ne voulaient point marcher devant lui, se prosternaient jusqu'à ce qu'il fût passé. Il était toujours précédé et annoncé par un cacique, qui portait trois longues baguettes fort minces.

Les usages et les cérémonies employés au service de ce prince sont si multipliés, qu'il faudrait bien de la mémoire pour n'en pas omettre : il faut même plus de temps que je n'en ai pour écrire dans le plus grand détail ce dont je me souviens, puisqu'il est de fait qu'aucun prince de la terre ne poussait aussi loin que Montézuma le luxe et le faste.

On ne lira pas sans intérêt les détails suivants que nous fournit Solis sur les mœurs et la religion des Indiens :

Quoique la multitude de leurs dieux fût aussi grande, et leur aveuglement dans l'idolâtrie aussi horrible qu'on l'a dit, ils ne laissaient pas de reconnaître une divinité supérieure, à qui ils attribuaient la création du ciel et de la terre ; et ce principe de toutes choses était un dieu sans nom entre les Mexicains, parce qu'ils n'avaient point de termes pour l'exprimer en leur langue. Ils faisaient seulement comprendre qu'ils le connaissaient en regardant le ciel avec vénération, et en lui donnant à leur façon l'attribut d'ineffable, avec cette manière de doute religieux dont les Athéniens révéraient le Dieu inconnu. Néanmoins, cette notion de la première cause, qui paraissait devoir contribuer à les désabuser avec plus de facilité, fut alors de très peu d'usage, parce qu'il n'y eut pas moyen de les réduire à croire que cette même divinité pût gouverner le monde, sans avoir besoin de secours, quoique par leur aveu elle avait eu assez de pouvoir pour le créer. Ils étaient prévenus de cette opinion : qu'il n'y avait point alors de dieux dans les autres endroits du ciel, jusqu'à ce que les hommes eussent commencé à devenir misérables, à mesure qu'ils se multipliaient ; car ils regardaient leurs dieux comme des génies favorables, et qui se produisaient lorsque les mortels avaient besoin de leur assistance, sans qu'il leur parût une chose absurde, que les misères et les nécessités de la nature humaine donnassent l'être et la divinité à ce qu'ils adoraient.

Ils croyaient à l'immortalité de l'âme, et ils reconnaissaient des récompenses et des peines dans l'éternité; mais ils expliquaient mal le mérite et le péché, et cette vérité était encore obscurcie par d'autres erreurs. Sur cette supposition, ils enterraient avec les morts beaucoup d'or et d'argent pour faire les frais du voyage qu'ils croyaient long et difficile; ils faisaient mourir quelques-uns de leurs domestiques, afin qu'ils leur tinssent compagnie. C'était une marque d'amour exquis, mais ordinaire aux femmes légitimes, de célébrer par leur mort les funérailles de leur mari. Les monuments des princes devaient être fort grands, parce qu'on enterrait avec eux une grande partie de leurs richesses et de leurs domestiques: l'un et l'autre à proportion de leur dignité. Il fallait que tous les officiers fussent au complet; on les envoyait ainsi escorter le prince en l'autre monde, avec quelques-uns de ses courtisans, qui payaient alors assez cher les impostures de leur profession. On portait aux temples les corps des grands seigneurs avec pompe et un grand cortège: les prêtres venaient au-devant, avec leur brasier de copal, chantant d'un ton mélancolique des hymnes funèbres, accompagnées du son enroué et lugubre de quelques flûtes. Ils soulevaient à plusieurs reprises le cercueil, durant qu'on sacrifiait ces misérables victimes, qui avaient dévoué jusqu'à leur âme à l'esclavage, et cette horrible action était mêlée de ridicules abus et de cruautés atroces et déplorables.

Les Mexicains dans les mariages avaient une sorte de contrat et quelques cérémonies religieuses. Après qu'on s'était accordé sur les articles, les deux parties se ren-

daient au temple, où un des sacrificateurs s'assurait de
leur volonté, par des questions précises et destinées à cet
usage. Il prenait ensuite d'une main le voile de la femme
et la mante du mari, et il les nouait ensemble par un
coin, afin de signifier le lien intérieur des volontés. Accompagnés du sacrificateur, ils retournaient à leur maison avec cette espèce d'engagement. Là, par une imitation
de ce que les Romains pratiquaient à l'égard des dieux
lares, ils allaient visiter le foyer, qui, selon leur imagination, était le médiateur des différends entre les époux.
Ils en faisaient le tour sept fois de suite, précédés par le
sacrificateur; et cette cérémonie était suivie de celle de
s'asseoir, afin de recevoir également la chaleur du feu,
ce qui donnait la dernière consécration au mariage. On
exprimait dans un acte public les biens que la femme
apportait en dot; et le mari était obligé à les restituer,
en cas qu'ils vinssent à se séparer, ce qui arrivait très
souvent. Il suffisait pour le divorce, que le consentement
fût réciproque; et ce procès n'allait point jusqu'aux juges:
les connaissances des époux le décidaient sur-le-champ.
La femme retenait les filles et le mari les garçons; mais
une fois l'union rompue, il leur était défendu de se réunir, sous peine de la vie. Les Indiens se faisaient un point
d'honneur de la chasteté de leurs femmes, et malgré le
débordement qui les entraînait dans le vice de la sensualité, on châtiait un adultère du dernier supplice.

Ils portaient aux temples, avec solennité, les nouveau-nés; et les sacrificateurs, en les recevant, leur faisaient
quelques exhortations sur les misères et sur les peines où
l'on est engagé en naissant. Si les enfants étaient nobles,
on leur mettait une épée à la main droite, et en la gauche
un bouclier, que les sacrificateurs conservaient pour ces

usages. S'ils étaient issus d'artisans, on faisait la même cérémonie avec quelques outils ou instruments mécaniques. Les filles, de l'une et de l'autre qualité, n'avaient que la quenouille et le fuseau. Après cette première cérémonie, le sacrificateur portait les enfants auprès de l'autel où il leur tirait quelques gouttes de sang des parties de la génération, avec une épine de maguey, ou une lancette de pierre à fusil; puis il jetait de l'eau sur eux, ou il les baignait en prononçant certaines imprécations : en quoi il semblait que le démon, auteur de ces pratiques, voulait imiter le baptême et la circoncision, avec le même orgueil dont il tâchait de contrefaire les autres cérémonies, et même jusqu'aux autres sacrements de la religion catholique, puisqu'il avait introduit entre ces barbares la confession de leurs péchés, en leur persuadant qu'elle leur attirait la faveur de leurs dieux, et une espèce de communion ridicule, que les sacrificateurs administraient à certains jours de l'année, après avoir divisé en petits morceaux une masse de farine pétrie avec du miel et en avoir représenté une idole, qu'ils appelaient le dieu de la pénitence. Ils avaient encore des jubilés, des processions, des encensements et d'autres images du culte de la véritable religion ; il n'était pas jusqu'au chef des sacrificateurs qui ne prît le nom de pape.

Je restai à Mexico tout le temps nécessaire pour pourvoir à tout ce qui pouvait convenir au service du roi mon maître, pour pacifier différentes provinces, lui soumettre des villes et des forteresses considérables, découvrir les mines, et connaître à fond le pays. Montézuma et les principaux habitants m'aidaient avec plaisir dans mes découvertes, comme si de tout temps ils avaient été soumis aux ordres de Votre Majesté.

J'employai environ 6 mois, à compter du 8 novembre 1519, pour tout pacifier ; j'étais fort tranquille dans Mexico au commencement de mai ; j'avais réparti beaucoup d'Espagnols dans les différentes provinces : j'étais dans la plus grande impatience de voir arriver des navires qui m'apportassent la réponse de ma première relation et qui chargeassent tous les effets précieux, l'or, l'argent et les pierreries que j'avais reçus pour mon maître, lorsque quelques sujets de Montézuma, habitants de la côte, m'apprirent, que près des montagnes de Saint-Martin et de la baie de Saint-Jean, ils avaient découvert 18 navires en mer prêts à aborder.

Il arriva en même temps un habitant de l'île de Cuba, qui m'apporta une lettre de l'Espagnol que j'avais placé sur la côte pour guetter les navires. Il m'annonçait qu'il avait paru en vue du port de Saint-Jean un seul navire, qu'il croyait être celui que j'avais envoyé en Espagne, vu le temps où il reparaissait ; que pour s'en assurer davantage, il attendait l'arrivée de ce navire au port, après laquelle il m'enverrait un détail plus circonstancié. Pour ne point manquer le courrier qui viendrait du port, j'envoyai deux Espagnols, par deux routes différentes ; je leur ordonnai d'aller jusqu'au port, pour y savoir combien il était arrivé de navires, d'où ils venaient et ce qu'ils apportaient, afin de me l'apprendre le plus tôt possible.

J'envoyai également un exprès à la Vera-Crux, prendre des informations, et un autre au capitaine que j'avais détaché avec 150 hommes, pour faire l'établissement de la province et du port de Quacucalco : j'ordonnai à ce capitaine qu'en quelque endroit que mon exprès le trouvât, il n'allât pas plus loin, parce que j'étais informé de l'arrivée de navires au port.

Quinze jours se passèrent, depuis l'envoi de mes exprès, sans recevoir la moindre nouvelle ; il vint, ensuite, des Indiens qui m'apprirent que les navires étaient entrés dans le port de Saint-Jean ; que l'équipage en était composé de 800 fantassins, de de 80 cavaliers et de 12 pièces de canon ; et qu'on retenait de force mon Espagnol et mes exprès, qui les avaient chargés de m'en avertir.

Sur ces avis, je me déterminai à envoyer mon chapelain, religieux de la Mercy, avec une lettre de moi, et une autre des alcades de la Vera-Crux, adressées aux commandants des navires débarqués au port de Saint-Jean ; je les instruisais de tout ce qui m'était arrivé dans la conquête, dans la soumission et dans la pacification de l'empire du Mexique pour Charles-Quint. Je leur apprenais que Montézuma, l'ancien souverain, était mon prisonnier dans sa capitale, où j'avais amassé des trésors pour mon maître, auquel j'avais envoyé la plus exacte relation de ce qui m'était arrivé ; je leur demandais en grâce de me faire savoir qui ils étaient, s'ils étaient sujets du même souverain que moi, s'ils venaient par ses ordres pour y faire des établissements ou pour y rester, s'ils iraient en avant, ou s'ils retourneraient sur leurs pas ; et je leur proposai de pourvoir à leurs besoins, autant que cela me serait possible ; j'y ajoutai que quand ils ne seraient pas sujets de mon empereur, je ne les en aiderais pas moins de tout mon pouvoir, à condition qu'ils évacueraient le pays ; que s'ils avançaient dans les terres, j'irais les attaquer avec toutes mes forces, et les traiterais en ennemis à toute rigueur.

Cinq jours après le départ de mon chapelain, il arriva à Mexico de la Vera-Crux 20 Espagnols, m'amenant un prêtre et deux laïques qu'ils y avaient pris : ils m'apprirent que la flotte arrivée dans le port, y avait débarqué l'armée de Diego Velasquès, commandée par Pamphile Narvaez, de l'île de Cuba ; que cette armée était composée de 80 cavaliers, de plusieurs canons et de 800 fantassins, dont 80 fusiliers et 120 arbalétriers ; que Pamphile de Narvaez se disait capitaine général et lieutenant de Velasquès, gouverneur de tout ce pays ; qu'il avait en conséquence des provisions de l'empereur : ils ajoutèrent en même temps que Narvaez avait retenu mes émissaires et l'Espagnol que j'avais à la côte ; qu'il en avait tiré toutes les informations possibles sur la ville que j'avais bâtie à 12 lieues du port, sur le nombre des gens affidés que j'y avais laissés, sur le détachement que j'avais envoyé à Qualcucalco et sur celui de Tuchitebecque. Il avait pris encore des renseignements sur toutes les forteresses que j'avais ou conquises ou pacifiées et particulièrement sur Mexico, où j'avais trouvé tant d'or et de bijoux.

J'écrivis alors à Narvaez, par son prêtre émissaire, que j'avais appris de lui avec plaisir qu'il commandait l'armée débarquée dans le continent, tant parce qu'il était mon ami d'ancienne date, que parce que je ne pouvais pas douter de la droiture de ses intentions pour le service de notre maître commun ; que j'étais cependant un peu surpris qu'il ne m'écrivît point pour me faire part de son arrivée, qu'il retînt mes émissaires, et qu'il ait envoyé des suborneurs pour séduire, pour soulever mes compagnons d'armes et pour les attirer à son parti, comme si nous étions de différentes religions, ou comme si nous servions des maîtres différents ; que je le priais dorénavant de changer de conduite, et de me faire savoir la cause de son arrivée. J'y ajoutai qu'on m'avait assuré qu'il prenait le titre de capitaine général et de lieutenant du gouverneur don Diego Velasquès ; qu'il faisait tous ses efforts pour se faire reconnaître comme tel; qu'il nommait des alcades et des gouverneurs particuliers ; qu'il faisait exercer la justice en son nom, contre les lois et les intérêts de son souverain ; qu'il avait déjà établi un sénat, sans l'agrément duquel on ne pouvait exercer les fonctions d'une place, encore qu'on en eût provisions de l'empereur ; que cependant s'il était porteur de ces provisions, et qu'il voulût me les communiquer à moi et au sénat de la Vera-Crux, nous y obéirions comme à des lettres et à des provisions de notre roi, notre souverain seigneur ; que pour moi, j'étais dans Mexico, où je gardais des effets d'une richesse immense, appartenant à l'empereur, à mes compagnons et à moi ; que je ne pouvais pas en sortir, sans m'exposer à une révolte qui me ferait perdre à la fois les richesses, la capitale et l'empire.

Le jour du départ de l'émissaire porteur de mes lettres à Narvaez, il m'arriva un député de la Vera-Crux, qui m'apprit la révolte des Indiens et leur soumission à Narvaez : ceux de Cempoal surtout s'étaient distingués dans cette révolte ; aucun d'eux ne voulait plus servir comme par le passé, ni dans la ville, ni dans la forteresse, parce que Narvaez leur avait fait entendre que j'étais un méchant et un traître, qu'il venait faire prisonnier avec toute sa suite, pour nous faire évacuer le pays ; qu'il avait beaucoup de troupes, de bouches à feu et de chevaux, que j'en avais peu, et qu'en se rendant à son parti, ils prenaient celui du vainqueur. Le député de la Vera-Crux m'apprit que Narvaez allait loger à Cempoal, que sa proximité de la Vera-Crux alors ne laissait aucun doute sur ses mauvais desseins ; la garnison qui la défendait, pour éviter la trahison des Indiens, le bruit et le combat, s'était retirée sur une hauteur, où elle comptait rester chez un cacique de nos amis, jusqu'à nouvel ordre.

Les suites fâcheuses que pouvait avoir pour le service de Votre Majesté la révolte en faveur de Narvaez, me determinèrent à marcher à lui, avec le projet de l'arrêter, si je le pouvais, et de contenir et de pacifier par là les Indiens. Je laissai mon poste fortifié dans Mexico, bien pourvu de vivres, d'eau, de munitions de guerre, et défendu par 500 hommes; je m'acheminai avec le reste de mon monde, qui pouvait monter à 70 hommes, et avec quelques caciques attachés à Montézuma, auquel je recommandais mes Espagnols, les effets précieux qu'il m'avait donnés, et surtout l'obéissance à l'empereur, duquel il devait recevoir incessamment des grâces pour les services qu'il lui avait rendus, tandis que j'allais reconnaître les malintentionnés qui venaient de débarquer.

Montézuma me promit de pourvoir à tous les besoins de mes Espagnols, d'avoir le plus grand soin des objets que je lui confiais, et m'assura que ceux de ses sujets qui m'accompagneraient, me conduiraient toujours sur ses terres, où je ne manquerais de rien. Il ajouta que si j'avais affaire à des ennemis, il me priait de le lui faire dire, parce que sur-le-champ il me ferait passer des troupes pour m'aider à les combattre et à les chasser du pays.

Je le remerciai de toutes ses offres; je lui insinuai combien Votre Majesté lui saurait gré de ses heureuses dispositions. Je lui fis des présents, ainsi qu'à son fils et à plusieurs témoins de notre séparation.

Je partis, et je rencontrai à Cholula Juan Velasquès, qui venait de Quacucalco avec tout son monde. Je renvoyai à Mexico quelques soldats malades, et le reste me suivit, ainsi que ma troupe. A 15 lieues de là, je rencontrai mon chapelain, que j'avais envoyé au port pour prendre des instructions ; il m'apportait une lettre de Narvaez, qui me mandait avoir des provisions pour commander dans le pays au nom de Diego de Velasquès ; que je me rendisse aussitôt pour lui obéir ; qu'il avait jeté les fondements d'une ville, et nommé des alcades et des gouverneurs. Mon émissaire m'apprit encore qu'on avait embarqué le licencié Ayllon, l'écrivain et l'alguasil qui l'accompagnaient ; qu'on avait fait tout pour le corrompre lui, et l'engager à débaucher quelques-uns de mes compagnons d'armes ; qu'on avait fait devant lui et devant plusieurs Indiens, ses compagnons, la revue de toutes les troupes, tant infanterie que cavalerie, et qu'on avait fait tirer toute l'artillerie devant eux, pour les intimider et pour leur demander comment ils pourraient se défendre.

Ce religieux m'apprit encore les intelligences de Narvaez avec Montézuma ; que le premier avait fait d'un cacique, sujet du second, le gouverneur général des ports et du littoral ; que ce cacique avait été l'émissaire de Narvaez auprès de Montézuma, et le porteur de présents réciproques, et que c'était de lui dont l'Espagnol s'était servi auprès du prince mexicain pour me faire dire qu'il venait me faire prisonnier, ainsi que toute ma suite, pour le laisser lui et ses sujets en liberté, sans demander d'or. Le fait est qu'il voulait s'installer de son chef dans le pays, sans prendre l'attache de qui que ce soit ; que personne de nous ne voulait le reconnaître pour capitaine général, et que la justice ne pouvait sévir contre nous par ordres de Velasquès, qui d'ailleurs avait fait alliance avec les naturels du pays, et principalement avec Montézuma.

Mais réfléchissant sans cesse au grand préjudice que causerait à Votre Majesté l'opposition de ses propres forces, je ne pensai point au danger personnel que je courais, puisque Velasquès avait donné ordre de me pendre, ainsi que mes plus affidés, et je me déterminai à approcher de plus près de Narvaez, pour lui faire connaître le tort fait par ses mauvaises intentions au service de mon maître. A 15 lieues de Cempoal, où Narvaez était campé, je rencontrai le prêtre que les Espagnols de la Vera-Crux m'avaient député, avec un autre prêtre et un habitant de Cuba, appelé André Duero, qui avaient accompagné Narvaez. Ils m'apprirent de sa part, pour réponse à ma lettre, qu'il exigeait que je lui obéisse, que je le regardasse comme capitaine général, parce qu'il avait un grand nombre d'Espagnols sous ses ordres, et qu'il avait dans ses intérêts la majeure partie des naturels du pays; qu'il m'offrait, en cas que je voulusse abandonner ma conquête, tout ce que je pouvais désirer, tant en navires, qu'en approvisionnements pour moi et pour les miens; que je serais le maître d'emporter tout ce que je voudrais; qu'il était autorisé par Diego Velasquès à signer un pareil traité avec moi, conjointement avec les émissaires qu'il m'envoyait.

Je répondis que je ne voyais pas de provisions de l'empereur qui m'ordonnassent de lui remettre mon commandement; que s'il en avait à me présenter, ainsi qu'au sénat de la Vera-Crux, selon l'usage établi en Espagne, j'étais prêt à obéir, mais que sans ce préalable, non seulement aucune raison d'intérêt, ni aucune proposition ne pouvait me déterminer à faire ce qu'il désirait; mais qu'au contraire, moi et mes compagnons, défendrions jusqu'à la mort et en fidèles sujets les provinces que nous avions conquises et pacifiées. Telles que pussent être les propositions des députés de Narvaez, je fus inébranlable dans mes réponses. Je convins avec eux de le voir, avec des sûretés réciproques, et accompagnés de dix personnes chacun: je lui envoyai des assurances signées, en échange de celles qu'il signa pour moi. Mais je fus informé à temps pour échapper au plus grand danger que j'aie couru de ma vie. Narvaez avait désigné deux de ceux qui devaient l'accompagner dans notre entrevue pour m'assassiner, tandis que les huit autres chercheraient à occuper mes dix compagnons, parce qu'il prétendait qu'une fois assassiné, la dispute serait bientôt terminée : elle l'aurait été effectivement, si Dieu, qui seul met obstacle à de pareils complots, ne m'eût pas fait donner par l'un de ceux qui devaient coopérer à la trahison, un avis que je reçus en même temps que le sauf-conduit de Narvaez.

Cortès refusant l'entrevue marcha sur Cempoal.

Le jour que Sandoval et moi devions arriver à Cempoal, où était logé Narvaez, il fut informé de mon dessein. Il sortit avec 80 cavaliers et 500 fantassins, et vint à ma rencontre; il n'était pas à plus d'une lieue, quand, ne me trouvant point, il crut que les Indiens, qui lui avaient donné cet avis, se moquaient de lui. Il rentra dans son quartier, en plaçant deux espions à une lieue de la ville, et en tenant auprès de lui, sous les armes, la majeure partie de son monde.

Pour éviter le bruit, je résolus de marcher la nuit, droit au logement de Narvaez, que nous connaissions très bien ; de faire les plus grands efforts pour le prendre, parce qu'une fois pris, il n'y avait plus rien à craindre, puisque tous les autres obéiraient volontiers à la justice, et qu'ils n'avaient obéi que forcément aux ordres de Diégo Velasquès.

Conformément à ma résolution, le jour de la

Pentecôte, un peu après minuit, j'arrivai au logement de Narvaez, après avoir tout fait pour m'assurer des deux espions. Tandis que je prenais des informations de l'un d'eux, l'autre s'échappa ; je pressai ma marche, pour tâcher d'arriver avant lui, mais mes efforts furent vains. L'espion échappé arriva une demi-heure avant moi, et à mon arrivée au logement de Narvaez, je trouvai tout son monde sous les armes, et les chevaux sellés.

Nous marchâmes cependant si secrètement, que nous étions déjà dans la cour de Narvaez, sans qu'on nous eût aperçus ; alors on cria aux armes. Toute sa suite occupait cette cour et les quatre coins de son logement. L'escalier de la tour où il était logé lui-même, était gardé par 19 fusiliers ; mais nous y montâmes avec une telle précipitation, que nous n'essuyâmes qu'une décharge qui, grâce à Dieu, ne nous fit aucun mal. Sandoval pénétra dans l'appartement avec son détachement ; il était défendu par Narvaez et par 50 hommes qui se battirent vigoureusement jusqu'au moment où, étant placé au bas de l'escalier pour empêcher les secours, je fis mettre le feu à la tour. Alors Narvaez se rendit à Sandoval ; je m'emparai de l'artillerie pour me fortifier ; je fis faire prisonniers tous ceux qui devaient l'être ; je fis mettre bas les armes au reste qui promit d'obéir à la justice, après n'avoir perdu que deux hommes dans une action aussi vigoureuse.

Tous les soldats de Narvaez convinrent qu'il les

avait trompés par des provisions supposées et en me peignant comme un traître qui s'était révolté. Ils me donnèrent depuis des marques de soumission qui tournèrent à l'avantage de Votre Majesté. Si Dieu, au contraire, eût accordé la victoire à Narvaez, et qu'il eût exécuté le projet de me faire pendre et de se défaire de mes compagnons, quand il n'aurait perdu qu'autant de monde que moi dans l'exécution de ses desseins, les Indiens auraient écrasé le reste des Espagnols, seraient restés libres, et de 20 ans il eût été impossible à l'Espagne de conquérir et de pacifier cette partie du nouveau monde.

Ce danger était à peine dissipé que Cortès apprit la révolte des indigènes à Mexico où ses compagnons étaient serrés de très près. Il se rendit sans perdre un instant à la capitale où il entra sans difficulté, mais à peine était-il dans son quartier, qu'il lui fallut repousser un assaut des habitants. L'attaque recommença le lendemain avec un nouvel acharnement.

Nous combattîmes jusqu'à la nuit ce second jour, et nous rentrâmes dans la forteresse, après avoir eu 50 ou 60 Espagnols blessés légèrement. Réfléchissant au préjudice continuel que nous causaient nos ennemis, à leur multitude intarissable et à notre petit nombre, nous passâmes toute la nuit et le jour suivant à pratiquer des machines couvertes de planches, dans lesquelles combattaient, à couvert des pierres, 20 hommes, fusiliers, arbalétriers et ouvriers, munis de pics, de hoyaux et de barres de fer, pour percer les maisons et pour abattre les murailles construites pour barrer les rues.

Quand nous sortîmes de la forteresse, les Indiens firent les plus grands efforts pour y entrer, et nous eûmes beaucoup de peine à les empêcher. J'engageai Montézuma. qui était toujours mon prisonnier, ainsi que son fils et plusieurs autres caciques considérables, à se montrer, à entrer en pourparler avec les capitaines indiens et à tâcher de faire cescer le combat. Il sortit pour parler aux combattants, d'un parapet saillant de la forteresse ; mais il reçut à la tête un coup de pierre si violent, qu'il en mourut trois jours après. Je le fis emporter par deux Indiens prisonniers, qui, sur leur dos, le portèrent aux autres ; mais je ne sais ce qu'ils en firent ; ce qu'il y a de certain c'est que la guerre, loin de discontinuer devint plus vive de jour en jour.

La lutte continua les jours suivants avec des alternatives diverses ; mais harcelés de tous côtés, ressentant déjà les atteintes de la faim et démoralisés, les Espagnols durent songer à évacuer la capitale.

Je partageai en différents paquets l'or, l'argent, et les bijoux qui appartenaient à l'empereur et à nous. Je les distribuai aux alcades, aux gouverneurs, aux officiers et à tous ceux qui étaient présents ; je les requis de m'aider à les sauver, je donnai à cet effet l'une de mes juments que l'on chargea autant qu'il était possible de ce que les hommes ne pouvaient emporter ; j'accompagnai cette jument d'une escorte suffisante, et je partis le plus secrètement que je pus de la forteresse, que j'évacuai totalement.

J'emmenai avec moi un fils et deux filles de Montézuma, Cacamacin son frère, plusieurs seigneurs de la province, et mes prisonniers. Arrivés aux ponts coupés par les Indiens, on jeta à la place du premier celui que j'avais fait construire, et cela sans peine, puisque personne ne s'y opposait ; mais la sentinelle ayant averti, nous fûmes assaillis de tous côtés avant d'arriver au second, par une quantité innombrable d'ennemis qui nous attaquaient par terre et par eau.

Je marchai en diligence avec 5 cavaliers et 100 fantassins, et nous gagnâmes la terre ferme à la nage. Je laissai alors l'avant-garde, pour revenir à l'arrière-garde que je trouvai fort maltraitée et engagée dans un vigoureux combat, ainsi que les Indiens de Tascalteca qui nous accompagnaient.

Plusieurs Espagnols avaient été tués dans le combat ; nous avions perdu des chevaux, l'artillerie, une grande partie de l'or et des effets précieux, quand je fis filer le reste de mon monde, et quand j'entrepris de contenir les Indiens avec vingt fantassins et quatre cavaliers.

J'arrivai à la ville de Tacuba, qui est au delà de la chaussée, après avoir essuyé des fatigues et couru des dangers inouïs. Toutes les fois que je faisais face à l'ennemi, j'étais accablé par une grêle de flèches, de traits et de pierres, parce qu'il pouvait me côtoyer sans cesse et m'attaquer de dessus ses canots sans courir aucun risque.

Je ne perdis à l'arrière-garde, où était le plus fort des attaques, qu'un seul cavalier ; on se battit à l'avant-garde, et partout avec un courage qui enfin nous sauva.

A mon arrivée à Tacuba, je trouvai tout mon monde réuni dans une place, et ne sachant par où marcher. Je leur ordonnai de sortir sur-le-champ en rase campagne, avant que la foule de nos ennemis augmentât et ne nous fît beaucoup de mal, en s'emparant des maisons et des terrasses de la ville.

L'avant-garde ne sachant par où sortir, je pris sa place et la mis à l'arrière-garde jusqu'à ce qu'elle fût sortie de la ville. J'attendis cette arrière-garde dans des terres labourées. J'appris lorsqu'elle y arriva qu'elle avait été attaquée, et qu'elle avait perdu dans sa retraite quelques Espagnols et quelques Indiens, et que nous avions perdu en chemin une bonne partie de l'or et des effets précieux que nous avions emportés.

Je pris un poste capable d'arrêter nos ennemis, et j'ordonnai à mes prisonniers de se rendre au haut d'une tour, et d'un logement fort, situés sur la cime d'un coteau voisin ; nous avions perdu 20 ou 24 chevaux; nous n'avions pas un cavalier en état d'allonger le bras, pas un fantassin qui pût se remuer, lorsque nous arrivâmes à ce logement. Nous nous y fortifiâmes, et les Mexicains vinrent nous y assiéger, sans nous laisser une heure de repos. Nous perdîmes dans cette défaite 45 chevaux 150 Espagnols, et plus de 2,000 Indiens, parmi lesquels se trouvèrent tués le fils et une fille de Montézuma et tous les principaux caciques que j'avais fait prisonniers.

À minuit, espérant de n'être pas vus et sans trop savoir le chemin que nous avions à prendre, nous sortîmes secrètement de la tour en y mettant le feu dans plusieurs endroits : nous nous abandonnâmes à la conduite d'un Indien de Tascalteca, qui nous promit de nous mener chez lui, si on ne s'opposait point à notre passage. Les sentinelles ennemies, à notre départ, sonnèrent l'alarme et appelèrent tous les habitants des villages à la ronde, qui se rassemblèrent en grand nombre et nous poursuivirent jusqu'au jour. Celui-ci paraissait à peine, quand les cinq cavaliers qui battaient l'estrade, donnèrent sur des groupes d'ennemis qui se trouvèrent sur le chemin, en tuèrent une partie et dissipèrent le reste. Comme je vis peu de temps après le nombre des ennemis s'accroître, j'assemblai ma troupe, je formai des pelotons de ceux qui étaient propres à quelque chose, j'en composai mon avant-garde et mon arrière-garde, je garnis mes ailes et je fis marcher mes blessés dans le centre ; je divisai également ma cavalerie en petits escadrons ; nous marchâmes ainsi en combattant de tous côtés, et nous ne pûmes faire que trois lieues en vingt-quatre heures.

Dieu permit qu'aux approches de la nuit, nous découvrimes sur une hauteur où nous nous fortifiâmes, une tour et un bon logement où nous fûmes assez tranquilles pendant toute la nuit, quoique vers l'aube du jour nous eussions eu une espèce d'alarme causée par les cris de la multitude d'Indiens qui nous poursuivaient.

Je partis le lendemain à une heure, dans le même ordre, en soutenant bien mon avant-garde et mon arrière-garde. Les ennemis ne cessaient de nous harceler de toute part, en jetant des cris épouvantables et en appelant à leur secours les nombreux habitants du pays. Nos petits escadrons de cavalerie les attaquaient et les dissipaient, sans leur faire grand mal, à cause de l'inégalité du terrain. Nous côtoyâmes un lac pendant tout le jour, et nous arrivâmes à un bon poste, où je crus que nous serions obligés d'en venir aux mains avec les habitants ; mais ils s'en allèrent dans d'autres endroits à proximité. Je restai dans ce poste pendant deux jours, pour donner répit à des soldats fatigués, blessés, mourants de faim et de soif, et à des chevaux excédés de fatigues et de besoins. Nous trouvâmes du blé de Turquie dont nous mangeâmes abondamment; nous en fîmes cuire et griller une provision pour la route, pendant laquelle nous ne cessâmes d'être poursuivis par nos ennemis.

Nous suivions toujours avec confiance notre Indien de Tascalteca; nous éprouvions des fatigues inouïes, parce que nous étions souvent obligés de sortir du chemin, et il commençait à se faire tard, lorsque nous arrivâmes dans une plaine garnie de quelques petites maisons où nous passâmes la nuit, ayant grand appétit.

Le lendemain de grand matin, nous recommençâmes à marcher, et, à peine étions-nous sur le chemin, que nous fûmes attaqués à l'arrière-garde. Nous combattîmes jusqu'à notre arrivée dans un grand village éloigné de deux lieues du point dont nous étions partis. Je découvris à main droite quelques Indiens sur une petite éminence que je crus pouvoir prendre, parce qu'ils étaient près du chemin. Pour reconnaître cette éminence et pour découvrir s'il n'y avait point derrière la hauteur plus de monde qu'on n'en voyait, je fus, avec dix ou douze fantassins et cinq cavaliers, pour faire le tour du coteau. Nous nous trouvâmes derrière une grande ville très peuplée, où nous essuyâmes un combat si vif, que la terre était couverte de pierres et que j'en fus blessé moi-même à la tête de deux coups. Étant revenu au village où était ma troupe, pour faire bander mes plaies, j'en fis sortir les Espagnols que je n'y croyais pas en sûreté. Nous continuâmes ainsi notre route, toujours assaillis par un grand nombre d'Indiens qui nous blessèrent quatre ou cinq Espagnols et autant de chevaux; ils nous tuèrent encore une jument qui nous fit grand'peine à perdre, puisque après Dieu, nous mettions toutes nos espérances dans nos chevaux. Nous nous consolâmes cependant de cette perte, en mangeant cet animal jusqu'à la peau; nous n'avions pas même à suffisance du blé de Turquie cuit ou grillé et nous avions été souvent obligés de manger les herbes trouvées dans la campagne.

Voyant tous les jours croître nos ennemis en nombre et en force, tandis que nous diminuions à vue d'œil, je fis faire cette nuit des béquilles pour soutenir les blessés, afin que tous les Espagnols pussent se défendre.

Cette fâcheuse marche, dit Solis, aboutit enfin à un petit bourg, dont les habitants laissèrent l'entrée libre, sans se retirer comme les autres, témoignant de la joie et de l'empressement à servir les Espagnols. Ces soins et ces caresses étaient un nouveau stratagème des Mexicains, tendant à ce que leurs ennemis donnassent de meilleure foi dans le piège qu'ils leur avaient tendu. Les Indiens livrèrent de bon gré les provisions qu'ils avaient, et en tirèrent même des bourgs voisins, autant qu'il était nécessaire pour faire oublier aux soldats ce qu'ils avaient enduré. Au point du jour, l'armée se mit en ordre, afin de passer la montagne, dont la côte opposée conduisait à la vallée d'Otumba, qu'il fallait nécessairement traverser pour gagner le chemin de Tascalteca. On reconnut que les ennemis changeaient de procédés; leurs cris n'étaient plus que des railleries, qui témoignaient une espèce de satisfaction; et Marine remarqua qu'ils répétèrent plusieurs fois ces mots : *Allez, tyrans, vous serez bientôt en un lieu, où vous périrez tous.* Ce discours donna beaucoup à penser aux Espagnols; car il était répété trop souvent pour être avancé témérairement. Quelques-uns se figuraient que ces Indiens, voisins de la province de Tascalteca, voyaient avec plaisir le péril où les Espagnols allaient se jeter; supposant que le peuple de cette province n'avait plus ni fidélité, ni affection pour eux ; mais le général et les officiers qui avaient plus de pénétration, comprirent que ce changement de procédé des Indiens était un indice certain de quelque embuscade fort proche, et leur raisonnement était fondé sur diverses expériences de la facilité avec laquelle ces peuples découvraient sottement ce qu'ils avaient le plus d'intérêt de cacher.

Sur cette supposition, Cortès prévint l'esprit des soldats, en les animant à se disposer à quelque nouvelle occasion, et l'on continuait la marche, lorsque les coureurs vinrent l'avertir que les ennemis s'étaient emparés de toute la vallée que l'on découvrait du haut de la montagne, en barrant le chemin que les Espagnols cherchaient, par un nombre effroyable de troupes en armes. C'était la même armée des Mexicains qui s'était retirée de devant le temple, et qui avait reçu un renfort considérable. Les commandants, suivant ce qu'on peut en juger par l'événement, avaient reconnu la retraite subite des Espagnols, et quoiqu'ils eussent pu espérer de les joindre aisément, l'expérience qu'ils avaient faite durant cette nuit, leur avait donné une juste défiance de ne pouvoir les défaire entièrement avant qu'ils arrivassent aux frontières de Tascalteca, s'ils voulaient se retrancher dans les postes avantageux de ces montagnes. Ils avaient donc dépêché en diligence à Mexico, afin qu'on appliquât toutes les forces à l'exécution d'un dessein de cette importance, et la proposition qu'ils en firent fut si bien reçue, que toute la noblesse partit au même moment, avec le reste des milices qu'ils avaient convoquées. Ces troupes se joignirent à l'armée en trois ou quatre jours, et on les partagea en divers corps, qui marchèrent à l'abri des montagnes avec tant de diligence, qu'ils prévinrent les Espagnols et occupèrent la vallée d'Otumba, dont le terrain fort vaste leur donnait lieu d'étendre leurs bataillons sans embarras, et d'attendre leurs ennemis à couvert de la montagne.

On eut de la peine à se persuader que cette armée fût celle des Mexicains, et on crut, en montant la côte, que ces diverses troupes qui voltigeaient autour des Espagnols, s'étaient réunies à dessein de défendre quelque passage, avec la faiblesse et la lâcheté qui leur étaient ordinaires ; mais la surprise fut extrême, lorsqu'on découvrit du haut de la montagne une puissante armée rangée en assez bon ordre, dont le front occupait l'espace entier de la vallée, et le fond s'étendait au delà de la portée de la vue. Ce dernier effort de la puissance des Mexicains était composé de différentes nations, ainsi qu'on pouvait le connaître par la diversité et la séparation de leurs enseignes, de leurs couleurs et de leurs plumes. Au centre de ce prodigieux nombre de troupes, le capitaine général de l'empire paraissait sur sa litière superbement ornée, élevé au-dessus de tous, sur les épaules de ses domestiques, afin de donner ses ordres et de les faire exécuter à sa vue. Il portait sur sa cuisse l'étendard impérial qu'on ne confiait point en d'autres mains que les siennes, et qu'on ne mettait en campagne qu'aux occasions de la dernière importance. Cet étendard était un filet d'or massif, pendant au bout d'une pique, et couronné de plusieurs plumes de diverses couleurs. Cet assortiment avait, sans doute, son mystère, supérieur aux hiéroglyphes des enseignes subalternes, et le mouvement confus de tant d'armes et de tant de plumes, formait un spectacle qui conservait son agrément entre tant d'autres objets qui donnaient de la terreur.

Pendant que les soldats reconnaissaient le danger qui allait donner de l'exercice à leur courage et à leurs forces, Cortès examinait sur leurs visages les mouvements de leur cœur, avec cet air brillant d'un certain feu, qui anime cent fois mieux que tous les discours : et comme il les vit plus émus de colère, que d'étonnement : *Voici*, dit-il, *l'occasion de mourir, ou de vaincre; c'est la cause de Dieu, qui combat pour nous.* Cortès n'en dit pas davantage, parce que les soldats l'interrompirent, en demandant l'ordre de charger les ennemis. Il ne le retarda que d'un moment, pour leur donner quelques avis nécessaires en cette rencontre, et en criant, à son ordinaire : *Saint Jacques et saint Pierre !* il s'avança à la tête de l'armée, ayant étendu le front de ses bataillons autant qu'il avait pu, afin qu'ils ne fissent qu'une ligne avec la cavalerie rangée sur ses ailes, avec ordre de soutenir l'infanterie en flanc, et à dos même, s'il en était besoin. La première décharge des arbalètes et des arquebuses fut faite si à propos, que les ennemis n'eurent pas le temps de lancer leurs traits, et ils furent chargés aussitôt, à coups de pique et d'épée, avec un grand carnage, pendant que les cavaliers perçaient et rompaient les troupes qui s'avançaient pour envelopper les Espagnols. On gagna du terrain à cette première charge; les Espagnols ne portaient pas un coup sans blessure, et toutes étaient mortelles. Les Indiens de Tascalteca se lançaient dans la mêlée, comme des lions altérés du sang des Mexicains; et néanmoins ils conservaient tous assez d'empire sur leur colère, pour tuer avec choix, en s'adressant d'abord aux capitaines, qu'ils distinguaient. Cependant les Mexicains combattaient avec une opiniâtreté si furieuse, ils couraient remplir les vides des bataillons avec tant d'ardeur, que le meurtre qu'on faisait dans leurs rangs, était un nouveau sujet de fatigue aux Espagnols; parce que ces secours les engageaient à un nouveau combat. Toute cette foule effroyable d'Indiens, semblait se retirer d'un même mouvement, lorsque la cavalerie donnait ou que les armes à feu passaient à l'avant-garde de notre armée; et après l'effort qu'ils craignaient, un autre mouvement les repoussait avec tant d'impétuosité, sur le terrain qu'ils avaient perdu, que la campagne paraissait une mer agitée par le flux et le reflux de ses vagues.

Le général combattait à la tête des cavaliers, secourant ceux qu'il voyait trop pressés, et portant au bout de sa lance la terreur et la mort. La résistance obstinée des ennemis lui donnait pourtant de l'inquiétude, parce qu'il était impossible que cette continuelle agitation n'épuisât enfin les forces de ses soldats; et comme il songeait à tous les partis qu'il pouvait prendre, afin de se tirer avec avantage d'une occasion si périlleuse, il fut secouru en cette extrémité, par une de ces réflexions qu'il semblait tenir en réserve pour les nécessités pressantes. Il se souvint d'avoir entendu dire aux Mexicains, que tout le secret de leurs batailles consistait en l'étendard général, dont la perte ou le gain décidait de la victoire, pour eux, ou pour leurs ennemis. Cortès se fondant sur le trouble et l'épouvante que le mouvement de la cavalerie donnait aux ennemis, résolut de faire un effort extraordinaire, à dessein de gagner l'étendard impérial, qu'il connaissait fort bien. Il appela les capitaines Sandoval, Alvarado, Olid et d'Avila, et il leur proposa sa résolution, et la manière de l'exécuter. Alors, Cortès, suivi de ces braves officiers, et de ceux qui l'accompagnaient, donna au grand galop, à l'endroit qui lui parut le plus faible et le moins éloigné du centre. Les Indiens, suivant leur coutume, firent place à la cavalerie, et avant qu'ils se fussent ralliés, le général repoussa cette multitude confuse et sans ordre, avec tant de vigueur, qu'en jetant par terre des bataillons entiers, il arriva avec son escadron, au lieu où l'étendard de l'empire flottait, escorté de tous les nobles de sa garde ; et pendant que les officiers espagnols écartaient cette escorte à grands coups d'épée, Cortès poussa son cheval droit au général des Mexicains, qu'il fit sauter d'un coup de lance, en bas de la litière, dangereusement blessé. Ses gardes avaient déjà déserté; et un simple cavalier nommé Jean de Salamanque, voyant ce général à terre, descendit de cheval et lui ôta le peu de vie qui lui restait, avec l'étendard, qu'il mit aussitôt entre les mains de Cortès. Ce cavalier était gentilhomme, et parce qu'il avait donné la dernière main à l'exploit de son général, l'empereur Charles lui fit quelques grâces, et lui donna pour cimier de ses armes, le panache dont l'étendard du Mexique était couronné.

Au moment où les ennemis virent l'étendard de l'empire entre les mains des Espagnols, ils abattirent toutes les autres enseignes ; et jetant leurs armes, ils s'enfuirent de tous côtés, dans les bois et les campagnes de maïs, où ils cherchaient à se mettre à couvert. Toutes les montagnes furent couvertes de ces troupes éperdues de frayeur, et le champ de bataille demeura aux Espagnols. On suivit la victoire à toute rigueur, en faisant main basse sur ces fuyards, parce qu'il était important de les dissiper, en sorte qu'ils n'eussent plus la hardiesse de se rassembler ; et la colère s'accordait en cela avec les mouvements de la prudence et les règles de la guerre. Cortès eut quelques blessés parmi ses troupes, et il en mourut deux ou trois à Tascalteca. Il reçut lui-même, à la tête, un coup de pierre si violent, qu'il perça son casque, et lui offensa le crâne, occasionnant une contusion dont il guérit avec peine. Il laissa aux soldats tout le butin, qui fut considérable, parce que les Mexicains avaient apporté en cette rencontre tous les joyaux et les parures dont ils prétendaient orner leur triomphe. L'histoire dit qu'ils perdirent vingt mille hommes en ce combat, et elle enfle toujours le nombre des morts en de pareilles occasions; cependant, quiconque sera persuadé que l'armée des ennemis allait à deux cent mille combattants, trouvera moins de disproportion à ce qu'on a rapporté touchant le nombre des morts.

Nous découvrîmes enfin les montagnes de Tascalteca ; mais cette joie fut bientôt modérée par des réflexions affligeantes. Nous étions, en effet, incertains de l'amitié des habitants de cette province ; nous avions à craindre d'en être exterminés, par l'espoir de recouvrer leur liberté, dès qu'ils verraient notre faiblesse et l'état peu favorable où nous étions réduits. Nos craintes se dissipèrent bientôt, car le lendemain, à la pointe du jour, nous suivîmes un chemin plat qui conduit en droite ligne à la province de Tascalteca, poursuivis par un très petit nombre d'ennemis, quoique le pays fût extrêmement peuplé. Nous évacuâmes entièrement, le dimanche 8 juillet, la province de Culua, et nous entrâmes dans celle de Tascalteca, par une petite ville appelée Gualipan, qui peut contenir trois à quatre mille habitants. Nous fûmes très bien reçus des gens du pays : nous nous remîmes un peu de la faim et des fatigues que nous avions essuyées avant d'y arriver. Nous payions comptant tout ce qu'on nous fournissait, de l'or que nous avions rapporté. Je restai trois jours à Gualipan, pendant lesquels je reçus la visite de Magiscatzin, de Sintégal, de tous les caciques de la province, et même de quelques-uns de celle de Quaxucingo qui nous témoignèrent la plus grande sensibilité aux événements qui nous étaient arrivés, et qui cherchèrent à me consoler, en me disant qu'ils m'avaient plusieurs fois assuré que les habitants de Culua étaient des traîtres auxquels je ne devais pas me fier; que n'ayant pas voulu m'en rapporter à eux, je devais m'estimer très heureux de m'en être tiré ; que quant à ce qui les regardait, ils m'aideraient jusqu'au dernier soupir, pour me dédommager des peines que j'avais essuyées, qu'en outre de ce qu'ils y étaient obligés comme sujets de l'empereur, ils avaient à venger la mort de leurs enfants, de leurs frères, de leurs compatriotes qui m'avaient accompagné; que je pouvais mettre leur amitié à l'épreuve de tout, jusqu'à la mort; qu'il fallait, puisque j'étais blessé et fatigué, aller avec toute ma suite à la ville, éloignée de quatre lieues, pour nous y délasser de toutes nos fatigues.

Je les remerciai, j'acceptai leurs offres, et je leur fis présent de quelques bijoux que nous avions pu sauver, et qui leur firent le plus grand plaisir. J'arrivai avec eux à la ville, où je fus très bien reçu. Magiscatzin me fit présent d'un lit tout garni, parce que nous n'avions rien avec nous. Il fit réparer à mes gens tout ce qu'ils possédaient, et tout ce qui en était susceptible.

Lorsque je partis pour Mexico, j'avais laissé dans cette ville quelques malades et quelques gens affidés à la garde de l'or, de l'argent, des effets et des provisions que je laissais pour marcher plus lestement; j'y avais encore laissé tous les actes que j'y avais passés avec les gens du pays, et les bagages des Espagnols qui m'accompagnaient avec un simple habit. J'appris qu'un officier de la Vera-Crux à la tête de 5 cavaliers et de 45 fantassins, avait emmené malades, gardes et bagages, et que tous avaient péri et étaient tombés entre les mains des Mexicains qui avaient fait, en cette occasion, un butin de plus de 50,000 écus d'or, j'appris encore qu'ils avaient massacré plusieurs Espagnols allant à Mexico, m'y croyant en paix, et se fiant à la sûreté des chemins.

Cette nouvelle nous attrista au delà de toute expression, parce que outre la perte des Espagnols et des effets, elle nous rappelait la mort de ceux qui avaient péri sur les ponts de Mexico, et nous faisait craindre qu'ils ne fussent tombés sur les Espagnols de la Vera-Crux, et n'aient fait révolter les habitants du pays, que nous regardions comme nos amis. Pour éclaircir ce doute, j'envoyai un émissaire à la Vera-Crux, que je fis accompagner par quelques Indiens pour le guider. Je leur ordonnai de s'écarter du grand chemin jusqu'à leur arrivée dans la ville, et de m'instruire sur-le-champ de ce qui s'y passerait. Dieu permit qu'ils trouvassent les Espagnols dans le meilleur état possible, et les gens du pays fort tranquilles. Cette nouvelle nous consola un peu de notre perte ; mais on fut très affligé à la Vera-Crux des événements que nous avions éprouvés.

Après vingt jours de repos, et malgré l'avis de ses compagnons qui voulaient se retirer plus loin, Cortès reprit l'offensive contre la province de Culua où il resta vainqueur et dont les habitants de Guacachula lui demandèrent un nouveau cacique.

Cette ville de Guacachula, dit Cortès, est située dans une plaine environnée, d'un côté, de hautes montagnes très escarpées, et de l'autre par deux rivières éloignées l'une de l'autre de deux portées d'arbalète, avec des rives aussi très escarpées.

Les approches de cette ville sont très difficiles et les entrées presque impraticables à cheval. La ville est entourée d'un grand mur en chaux et en pierres, de 24 pieds de hauteur du côté de la plaine, et presque au niveau dans l'intérieur. Il règne tout le long de la muraille un parapet élevé de six pieds, sur lequel on peut combattre et monter à cheval par quatre issues. Ces issues sont couvertes par trois ou quatre enceintes avec des courtines enjambées les unes dans les autres. L'enceinte entière est remplie de pierres de toute grosseur avec lesquelles ils combattent.

Cette ville peut renfermer environ 5 ou 6,000 habitants. Les hameaux qui l'environnent et en dépendent peuvent en contenir autant. L'emplacement de la ville est très considérable, parce qu'elle contient beaucoup de jardins spacieux.

Après trois jours de repos, je marchai de Guacachula à Izzucan, qui en est éloigné de quatre lieues, et où j'entrai malgré la résistance de 5 ou 6,000 hommes bien disciplinés.

Izzucan peut contenir 3 ou 4,000 habitants. Les rues en sont bien percées et alignées ; elle est située sur la pente d'un coteau, sur lequel il y a une bonne forteresse du côté de la plaine ; elle est entourée d'une rivière profonde, qui coule près de l'enceinte ; elle est encore entourée, par le ravin très escarpé d'un ruisseau, au-dessus de l'escarpement duquel il règne un parapet qui fait tout le tour de la ville : toute cette enceinte était remplie de pierres.

Près d'Izzucan, existe un vallon charmant, très fertile en fruits et en coton qu'on ne trouve point sur les hauteurs des environs, à cause du froid ; mais ce vallon, abrité des vents du nord par les montagnes, est chaud et arrosé par des canaux superbes et bien percés.

J'appris par les Indiens faits prisonniers à Guacachula, que Montézuma avait été remplacé par l'un de ses frères, cacique d'Istapala, parce que l'aîné des fils de Montézuma avait été tué sur les ponts de Mexico, et que de deux autres, l'un était fou, et l'autre paralytique ; et parce qu'on regardait ce frère comme un homme prudent et courageux, qui nous avait fait la guerre. J'appris que ce prince se fortifiait, dans Mexico, et qu'il mettait en état de défense les principales villes de sa domination ; qu'il faisait pratiquer beaucoup de fossés et de souterrains, et amasser de grandes provisions d'armes ; qu'il faisait faire entre autres de grandes lances, comme les piques de cavalerie, dont il avait pris quelques idées par celles qu'avaient déjà quelques Indiens de Tepeaca, contre qui nous avions combattu.

J'envoie chercher par 4 navires à Cuba des soldats et des chevaux pour nous secourir ; j'en envoie 4 autres pour le même objet à Saint-Domingue, où je demande encore des armes, des arbalètes et de la poudre surtout, dont j'ai grand besoin, parce que des fantassins couverts de boucliers servent peu contre la grande multitude et des forteresses. Je prie le licencié Rodrigue de Figueroa, et tous les autres officiers de Votre Majesté de nous donner tous les secours qu'ils pourront, parce que cela est très essentiel au bien de son service et à notre sûreté.

Avec ces secours, je reviendrai à Mexico, je réparerai les pertes passées, et je compte soumettre cette orgueilleuse capitale et ses dépendances, dans l'état où je l'avais déjà réduite. En attendant j'ai fait construire 12 brigantins pour entrer dans le lac. On ramassera et disposera tous les bois nécessaires, de manière à pouvoir les conduire par terre, et à n'avoir plus en arrivant qu'à les assembler ; on fait ici des amas de clous pour le même objet, et j'ai déjà fait préparer la poix, l'étoupe, les voiles, les rames, et tous les agrès nécessaires. Je ne perds pas un instant pour parvenir à mon but, et je n'épargne ni argent, ni peine, ni danger.

Mon lieutenant à la Vera-Crux m'apprit, il y a deux ou trois jours, l'arrivée d'une petite corvette de 30 hommes d'équipage, manquant absolument de subsistances, et venant à la découverte des navires que F. de Garay avait envoyés sur les côtes. Cette corvette était arrivée à la rivière de Panuco, où l'équipage avait séjourné 30 jours, sans avoir vu qui que ce soit dans le pays et sur les bords de la rivière ; ce qui me fit présumer que le pays avait été entièrement dépeuplé par les événements qui m'étaient arrivés.

Au moment où je finis ma lettre, j'apprends que Guatimosin, indépendamment de ses fortifications et de ses amas d'armes, de munitions et de vivres, a envoyé des émissaires dans toutes les provinces et villes de son empire, pour certifier à tous ses sujets qu'il les dispense, pendant un an, du service et des impôts qu'ils lui doivent, pourvu qu'ils emploient tous leurs efforts à faire une guerre sanglante à tous les chrétiens, jusqu'à ce qu'ils soient totalement exterminés ou chassés du pays, et pourvu qu'ils en fassent autant à tous les Indiens nos amis ou alliés.

Quoique j'espère, avec la grâce de Dieu, qu'ils ne viendront nullement à bout de leurs desseins, je me trouve tous les jours très embarrassé pour secourir les Indiens qui demandent à l'être. Ils sont en si grand nombre, et dans des provinces si éloignées, que je ne peux les secourir tous comme je le voudrais, contre les Indiens de Culua, qui, à cause de nous, leur font une guerre continuelle et des plus opiniâtres.

Par tous les rapports que j'ai trouvés entre ces pays et l'Espagne, tant pour l'étendue que pour le climat, la fertilité, etc., j'ai cru, Sire, qu'il convenait de l'appeler Nouvelle-Espagne. J'ose vous supplier de lui conserver ce nom.

J'ai écrit en assez mauvais langage, mais de mon mieux, à Votre Majesté le récit exact de tous les événements qui me sont arrivés ici, et tout ce qu'il convient qu'elle sache, et je la supplie d'y envoyer un homme de confiance, pour lui rendre un compte particulier.

De Segura de la Frontera, dans la Nouvelle-Espagne, le 30 octobre 1520.

CORTES.

CHAPITRE III

TROISIÈME LETTRE

Sire,

Alfonse de Mendoza de Medelin, que je fis partir de la Nouvelle-Espagne le 5 mars 1521, a dû vous remettre le détail des événements qui s'y sont passés. La relation qu'en a dû recevoir Votre Majesté était faite dès la fin d'octobre 1520. Mais la perte de 3 vaisseaux destinés à porter Mendoza, ou à aller demander des secours aux îles espagnoles, a retardé considérablement son départ.

Depuis ma dernière lettre et le départ de la corvette envoyée à la découverte de deux vaisseaux de F. de Garay, Dieu a permis qu'un de ces vaisseaux abordât au port de la Vera-Crux: le vaisseau portait un capitaine et 120 hommes d'équipage, qui apprirent à la Vera-Crux combien les gens de F. de Garay avaient été maltraités à l'embouchure du Panuco. Un capitaine, qui s'était trouvé à cette malheureuse action, leur prédit tout ce qu'ils auraient à essuyer des Indiens, s'ils persistaient dans leurs entreprises.

Ce vaisseau était encore dans le port indécis sur le parti qu'il prendrait, lorsqu'il s'y éleva un gros temps et un vent si violent, que ses câbles se rompirent, et qu'il fut forcé de sortir du port ; il réussit cependant à s'abriter au port de Saint-Jean, à 12 lieues de la Vera-Crux, où après avoir débarqué son monde et 15 ou 16 chevaux, il se fit échouer à la côte, parce qu'il faisait eau de toute part. Dès que je sus ce triste événement, j'écrivis à ce capitaine pour lui témoigner ma sensibilité, et pour l'instruire que j'avais donné ordre à la Vera-Crux d'aller au-devant de tous ses besoins, de ceux de son équipage, et de lui donner un vaisseau, en cas qu'il voulût s'en retourner ; mais l'équipage prit d'un commun accord la résolution de venir me joindre : jusqu'à présent nous n'avons eu aucune nouvelle de l'autre vaisseau.

Après avoir envoyé un détachement comprimer la révolte des provinces de Cecatamni et de Xalazingo, Cortès se rendit à Tascalteca.

A mon arrivée à Tascalteca, continue-t-il, je trouvai les constructeurs très occupés des brigantins, et fort avancés dans l'assemblage des pièces qui les composaient ; j'envoyai sur-le-champ à la Vera-Crux chercher tous les clous, le fer, les voiles et les agrès qui s'y trouvaient. J'envoyai quelques Espagnols dans les montagnes voisines pour y faire du goudron ; et je n'omis aucune des précautions propres à mettre mes brigantins en état de servir pour la conquête de la province de Culua, située à 12 lieues de Tascalteca. Pendant 15 jours passés dans cette ville, je pressai de tout mon pouvoir les ouvriers, et je m'occupai à faire préparer des armes.

La seconde fête de Noël, je fis à Tascalteca la revue des troupes composées de 40 cavaliers et de 550 fantassins. Nous avions encore 8 ou 9 pièces de campagne, mais fort peu de poudre. Je divisai ma cavalerie en 4 pelotons égaux, et mon infanterie en 9 compagnies de 60 hommes. Je profitai du moment de la revue pour leur observer : « que nous devions à notre bonne conduite et à la douceur, la soumission des Indiens, et par suite le bonheur d'avoir rempli jusqu'ici avec distinction l'attente de l'empereur notre souverain, qui s'était promis, par notre valeur, des conquêtes dans le nouveau monde ; mais que les Indiens, sujets de l'empereur du Mexique, s'étant départis de leur première soumission, révoltés sans raison contre Votre Majesté et nous ayant tué beaucoup d'amis et de parents en nous chassant de leur pays, nous devions nous souvenir sans cesse des peines, des travaux et des dangers que nous avions courus pour recouvrer ce que nous avions perdu et remplir les vues de notre maître ; qu'excités par le désir de la propagation de la Foi, par le bonheur de plaire à Votre Majesté, par le sentiment de notre propre conservation, par le grand nombre d'alliances que nous avions formées, et par les motifs les plus propres à nous encourager, nous devions tous en général et chacun en particulier, faire les plus grands efforts pour vaincre ou mourir. » Je fis ensuite publier à haute voix quelques ordonnances relatives au bon ordre et à la subordination, en leur démontrant les avantages infinis qui résulteraient de leur observation ; tous me promirent obéissance absolue et dévouement parfait. Tous jurèrent de sacrifier leurs vies à la religion, au service du roi, à la vengeance et au désir de recouvrer les conquêtes perdues ; je les remerciai en votre nom, et nous nous séparâmes pleins de cet enthousiasme et de cette joie qui inspirent la confiance, la résolution, et qui sont les présages les plus heureux de la victoire.

Le lendemain 27 décembre, je fis assembler les principaux caciques de la province de Tascalteca, « pour leur démontrer l'impossibilité de prendre Mexico, sans le secours des brigantins que nous faisions construire chez eux ; que, déterminé à entrer dès le lendemain en pays ennemi, je me reposais entièrement sur leur amitié, du soin de pourvoir à tous les besoins des constructeurs et des ouvriers espagnols qui y travaillaient, et de prendre toutes les mesures nécessaires pour pouvoir envoyer les brigantins à ma première réquisition, si Dieu nous accordait la victoire, et permettait la prise de Tescuco ; » ils me promirent d'exécuter mes ordres, ils m'offrirent des troupes et se proposèrent tous de venir me joindre avec les brigantins, périr avec moi, ou bien se venger des Indiens de Culua, leurs mortels ennemis.

Je partis à la tête de toutes mes forces le 28 décembre.

Dans ma dernière lettre, Sire, je vous annonçais les grands préparatifs de guerre qu'on faisait dans l'empire du Mexique, qu'on remplissait les chemins de chausse-trapes, de retranchements de chevaux de frise, et qu'on opposait tous les obstacles possibles à notre rentrée dans le pays. Instruit parfaitement de tout ce qu'ils étaient capables de faire, des ruses qu'ils pouvaient employer, je m'étais souvent occupé de la combinaison la plus avantageuse pour les surprendre. Je me décidai enfin pour le plus difficile des trois chemins pouvant me conduire au même but ; je crus en passant par le chemin de Tesmoluca, dont l'issue est escarpée et presque impraticable, en comparaison des deux autres, trouver moins de précautions de la part des Indiens et par suite bien moins de résistance.

Le jour des Innocents, après la messe et après nous être recommandés à Dieu, je partis de Tesmoluca à la tête de mon avant-garde, composée de 6 cavaliers et de 60 fantassins des plus ingambes et des plus nerveux ; nous montâmes la côte en silence et en ordre, et quoique le froid fût extrême, nous passâmes assez bien la nuit sur le sommet de la montagne près des limites de la province de Culua, parce que nous y coupâmes et brûlâmes une grande quantité de bois.

Nous traversâmes le lendemain le plateau de la montagne, en éclairant la marche par des patrouilles de cavalerie et d'infanterie. Quand nous fûmes arrivés au débouché, la cavalerie, les arbalétriers, les carabiniers et l'infanterie descendirent successivement la montagne; mais les patrouilles ne tardèrent point à rencontrer des abatis immenses, dont les Indiens avaient bouché le passage; ils y avaient multiplié les obstacles au point de rendre le chemin impraticable; les chevaux y étaient absolument inutiles, les hommes n'y pouvaient faire un pas sans beaucoup de peine; la fatigue enfanta la crainte, chaque obstacle y ajoutait, une branche d'arbre ressemblait à l'ange exterminateur; cependant on avançait peu à peu. Il avaient déjà fait une bonne partie du chemin, lorsqu'un cavalier s'arrêta et proposa aux autres de ne pas aller plus avant, puisqu'ils ne pouvaient pas se servir de leurs chevaux, et d'instruire leur capitaine du danger où ils se trouvaient. Si ce n'est point là votre avis, ajouta-t-il à ses camarades, poussons plus loin, j'ai fait le sacrifice de ma vie tout comme un autre. Ses camarades applaudirent à ce dernier parti, et prétendirent ne pouvoir point se retirer sans avoir rencontré quelques détachements ennemis, ou sans savoir la longueur et les difficultés du chemin.

Les obstacles augmentant néanmoins à chaque pas, ils s'arrêtèrent et m'envoyèrent avertir de ce qui se passait : j'ordonnai à l'arrière-garde, de presser le pas, et moi, à la tête de l'avant-garde je fis les plus grands efforts pour joindre au plus tôt mes batteurs d'estrade. Au bout d'une demi-lieue, les obstacles cessèrent ; nous descendîmes dans la plaine, où nous attendîmes l'arrière-garde : réunis, nous rendîmes grâces au Seigneur d'avoir pu vaincre de pareilles difficultés, et nous ne découvrîmes pas sans plaisir les lacs, les provinces de Culua et de Mexico.

Dès que les Indiens s'aperçurent de notre arrivée, ils allumèrent de grands feux, qui servirent de signaux ; ceux des bourgades et des vallées voisines poussèrent de grands cris pour assembler leur monde aux différents passages où ils devaient tenter de nous arrêter ; mais nous doublâmes le pas, et nous étions dans la plaine avant qu'ils aient eu le temps de se réunir : quelques pelotons indiens, qui entreprirent de nous barrer le chemin, furent repoussés avec perte par 15 cavaliers. Nous suivîmes le chemin de Tesaico, et nous arrivâmes un peu fatigués au village de Coatepeque, qui en est éloigné de trois lieues ; nous le trouvâmes abandonné, et nous y passâmes la nuit.

Tesaico, capitale de la province d'Aculuacan, est une ville très grande, belle et bien peuplée ; comme on pouvait rassembler dans cette ville ou dans la la province 15,000 hommes, et fondre sur nous pendant la nuit, je fis moi-même la première sentinelle et la première ronde avec dix cavaliers, et j'ordonnai à tout le monde de se coucher habillé.

Après 8 jours passés à Tesaico, sans avoir vu paraître l'ennemi; après avoir pris toutes les précautions offensives et défensives, je quittai la ville à la tête de 18 cavaliers, 10 arquebusiers, 30 arbalétriers, 142 fantassins espagnols et de 3 ou 4,000 Indiens. Je côtoyai les bords du lac jusqu'à Istalapa, à 6 lieues de Tesaico et 2 lieues de Mexico par eau. Cette ville, dont les deux tiers sont bâtis sur l'eau, et peuplée de 10,000 habitants, avait eu pour cacique un frère de Montézuma, qui fut élevé sur le trône après lui, et le plus acharné de nos ennemis. Ce motif, joint aux mauvaises intentions des Indiens qui y demeuraient, m'avait déterminé à la guerre contre eux. A peine fûmes-nous aperçus, que nous fûmes attaqués à la fois par terre et par eau. Nous marchâmes sans ordre pendant deux lieues, pour faire tête partout, pour combattre, tantôt ceux qui nous attaquaient en plaine, et tantôt ceux qui combattaient à une demi-lieue d'Istalapa; les Indiens ouvrirent derrière nous un batardeau qui séparait les eaux de ces lacs L'eau salée se précipita alors avec impétuosité dans le lac d'eau douce, et couvrit entièrement la chaussée et la demi-lieue de terrain qui séparait les deux lacs.

L'ardeur de la victoire nous aveugla sur ce désavantage ; nous poursuivîmes nos ennemis avec tant de chaleur, que nous entrâmes pêle-mêle dans la ville. Les habitants, depuis longtemps sur leurs gardes, avaient abandonné les maison bâties sur la terre ferme, pour se retirer, eux et leurs effets, dans celles construites sur le lac qui servaient également de retraite aux fuyards et aux Indiens fatigués du combat.

Dieu anima tellement les braves qui combattaient pour sa cause, que nous forçâmes les ennemis à se jeter dans l'eau jusqu'à la poitrine et à fuir à la nage.

Ils perdirent dans cette occasion plus de six mille hommes, et une partie de leurs repaires, qui furent brûlés lorsque je rassemblai mon monde aux approches de la nuit.

Sur ces entrefaites, Dieu permit que je songeasse à la rupture du batardeau, et que tous les inconvénients pouvant en résulter se présentassent sur-le-champ à mon imagination : en conséquence, je me retirai de la ville au plus tôt, et je me trouvai à 9 heures, par une nuit fort obscure, sur le bord de cette chute d'eau, que nous traversâmes évidemment par un miracle, quand je considère sa largeur, sa profondeur et sa rapidité ; nous perdîmes au passage tout notre butin, et quelques Indiens de nos amis qui se noyèrent.

Si j'avais différé de 3 heures ce passage, nous

étions perdus sans ressource, l'eau nous gagnait de toute part ; les deux lacs s'étaient mis au niveau ; ils étaient tous deux le lendemain couverts de canots, montés pas des Indiens qui croyaient nous prendre au trébuchet. Nous retournâmes ce jour-là même à Tesaico, en combattant de temps en temps dans notre retraite les Indiens qui mettaient pied à terre, et auxquels nous ne pouvions plus faire grand mal, parce qu'ils regagnaient très lestement leurs canots.

Quelques députés de la ville d'Otumba et de quatre autres cités voisines, vinrent le lendemain me supplier de leur accorder le pardon de leur faute, si toutefois ils étaient coupables, parce qu'autrefois les forces du Mexique s'étaient rassemblées à Otumba pour nous exterminer.

J'exigeai, pour preuve de leur soumission, qu'ils me livrassent pieds et poings liés les députés du Mexique et tous les Mexicains qui se trouveraient dans leurs pays. Ils exécutèrent mes volontés, invariables à cet égard ; ils retournèrent habiter leurs maisons, et depuis ils ont été et sont encore soumis et fidèles.

Deux frères de Cacamacin avaient échappé au massacre que les Indiens firent des enfants de Montézuma ; l'un, fort jeune, s'attacha à moi et y resta ; l'autre, nommé Cucuscacin, que j'avais fait d'abord cacique de Tesaico, et que j'avais ensuite fait prisonnier et emmené à Tascalteca, s'évada pour retourner à Tesaico, où il trouva la fin la plus cruelle.

Ce malheureux cacique se trouva à son arrivée remplacé par Guanacacin, son frère, et arrêté par les gardes de la province. Guanacacin rendit compte de cet événement à l'empereur du Mexique, qui ne pouvant pas imaginer qu'il se fût échappé de prison, et le regardant comme un traître absolument dévoué aux Espagnols, lui ordonna de le faire mourir, ce qui fut exécuté.

Cortès envoya alors Sandoval avec un détachement dans la province d'Aculuacan et de Chalco et, après avoir appris l'arrivée à la Vera-Crux d'un secours de 40 Espagnols, de 8 chevaux, de fusils et de poudre, réconcilia les Indiens de Tesaico avec ceux de Chalco.

Trois jours après, j'envoyai Sandoval avec 15 cavaliers et 200 fantassins pour escorter les Indiens qui devaient transporter les brigantins de Tascalteca à Tesaico, avec ordre de détruire de fond en comble, en passant, un village situé sur les confins des deux provinces, pour avoir fait périr 5 cavaliers et 45 fantassins venus de la Vera-Crux, à mon secours, lorsque j'étais assiégé dans Mexico.

A notre arrivée à Tesaico, nous trouvâmes dans un temple, les peaux de cinq chevaux, auxquelles pendaient les pieds et les fers tout aussi bien empaillés, qu'on eût pu le faire en Europe; nous y trouvâmes encore des armes, des habillements et d'autres effets espagnols qu'ils avaient offerts à leurs idoles, et des traces encore beaucoup trop marquées des sacrifices humains qu'ils avaient offerts à leurs dieux avec des prisonniers.

L'horreur de ces découvertes était encore augmentée par le souvenir de la trahison infâme des Indiens de ces villages qui parurent d'abord accueillir les Espagnols, pour mieux assurer les effets de leur cruauté, et les faire retomber au bas d'une côte escarpée et par de mauvais chemins dans deux embuscades, où ceux qui eurent le malheur d'échapper à la mort dans le combat, eurent le cœur arraché, et furent sacrifiés à des idoles, comme on peut en être assuré par l'inscription trouvée dans un village près de Tesaico, et qui contenait ces paroles : « Ici a été prisonnier l'infortuné Jean de Juste. » Ce Jean de Juste était un des 5 cavaliers.

Les Indiens de ce village connaissant l'énormité de leurs crimes, s'étaient enfuis à notre approche ; mais la lecture de l'inscription les fit poursuivre avec la plus grande vivacité : on en tua beaucoup malgré Sandoval qui fit ses efforts pour arrêter le carnage et faire beaucoup d'esclaves.

Sandoval passa de ce village à celui de la province de Tascalteca, le plus voisin des limites du Mexique ; il y trouva des Espagnols et des Indiens qui apportaient les brigantins.

Huit mille hommes portèrent en détail les 13 brigantins pendant 18 lieues ; la colonne occupait environ 2 lieues de terrain : l'avant et l'arrière-garde étaient composées chacune de 8 cavaliers et de 100 fantassins, les ailes étaient protégées par plus de 10,000 Indiens bien équipés et commandés par des officiers relevant de Chichimecatecle, l'un des principaux seigneurs de la province.

Après 4 jours de marche, la colonne entra dans Tesaico au son du tambour et des timbales et aux cris de la plus vive allégresse. Le défilé dura plus de six heures; j'étais allé à sa rencontre, je remerciai dans les termes les plus énergiques, les principaux officiers des Indiens, que je fis ensuite loger et traiter de mon mieux. Ils me témoignèrent un grand désir de combattre sous mes ordres, d'en venir aux mains avec les Mexicains, et de se venger.

Cortès ayant donné trois jours de repos à ses troupes s'empara de Tacuba qui fut pillé et incendié.

Pendant six jours que nous restâmes à Tacuba, nous escarmouchâmes tous les jours avec les Mexicains. Les capitaines et les soldats de Tascalteca, nos alliés, leur faisaient journellement des défis qu'ils acceptaient : ils combattaient des deux côtés avec beaucoup de valeur, se disputaient avec acharnement, se disaient de grosses injures, se faisaient des menaces terribles, et captaient l'attention des deux partis. Les ennemis y perdaient en détail beaucoup de monde. Nous les poursuivions quelquefois jusque sur les ponts de Mexico, où, bien fortifiés, ils nous résistaient avec fermeté : ils nous provoquaient par leurs railleries, et nous proposaient d'entrer, disaient-ils, pour nous divertir, et pour voir si n'y trouverions pas un autre Montézuma, esclave de nos volontés.

Je m'approchai un jour d'un pont qu'ils avaient abattu, pendant des propos goguenards : je fis signe à mes gens de rester immobiles et en silence, et je fis connaître aux Mexicains que je voulais leur parler; ils observèrent comme nous l'immobilité et le silence, et je leur demandai quel genre de folie était la leur? et s'ils voulaient tous se laisser écraser; j'ajoutai que s'il y avait quelque cacique parmi eux qui voulût s'aboucher avec moi, qu'il pouvait s'approcher. Ils me répondirent fièrement : « que tout ce que je voyais de soldats étaient ou seigneurs ou caciques, et que je pouvais parler. » Mais comme je ne daignai point leur répondre, ils m'accablèrent d'injures. Un des nôtres leur ayant dit par hasard: « qu'ils mourraient de faim, et que nous ne les laisserions pas sortir pour avoir des vivres, » ils me répondirent « que rien ne leur manquait ; mais qu'à défaut de provisions, ils nous mangeraient tous, ainsi que nos alliés. » Ils accompagnèrent cette fière réponse de quelques pains de maïs qu'ils nous jetèrent, en nous disant de manger et qu'ils n'avaient pas faim. Ils poussèrent en même temps des cris, et voulurent engager le combat; pour moi qui n'étais venu que pour sonder leurs dernières intentions, je me retirai d'abord à Tacuba, d'où ne pouvant pas avancer mes affaires, je partis pour y presser l'assemblage de mes brigantins, afin de pouvoir attaquer Mexico, à la fois par terre et par eau. Le premier jour de notre retraite, nous arrivâmes à Guaticlan, après avoir eu les Mexicains toute la journée sur les bras : la cavalerie qui faisait l'arrière-garde, tournait bride parfois, tombait sur eux, et faisait toujours quelques prisonniers. Le lendemain nous continuâmes notre retraite ; et les ennemis croyant que la crainte nous chassait, se rassemblèrent en plus grand nombre, et ne cessèrent de nous harceler. J'avais grande envie de les faire finir, et en conséquence j'en méditai les moyens. De mes 20 cavaliers, j'en plaçai 5 à l'arrière-garde, 5 dans une embuscade, 6 dans deux autres embuscades sur les côtés, et je me portai à la tête des trois autres en face de l'ennemi. Le mot du combat était Saint-Jacques : tout le monde devait fondre de son côté sur les Mexicains quand je le profèrerais. A mesure que les Mexicains avançaient pour attaquer mon arrière-garde, je me retirai, je laissai dépasser mes embuscades à un certain nombre, sur lequel nous tombâmes tous ensemble au mot convenu. Nous en fîmes un grand carnage la lance à la main, et nos amis les Indiens nous secondèrent avec autant de succès que de courage, pendant deux heures que dura l'action. La défaite des Mexicains, dans cette occasion, ralentit leur poursuite. Nous cessâmes de les voir et nous rejoignîmes le gros de notre détachement.

De retour à Tesaico, Cortès y trouva des députés de Chalco qui réclamaient un prompt secours contre toutes les forces mexicaines prêtes à fondre sur eux. Sandoval, envoyé avec un détachement, battit plusieurs fois l'ennemi et s'empara d'Acaichtla après un carnage tel que « plusieurs de ceux qui s'étaient trouvés à cette expédition, prétendirent qu'une petite rivière, qui coulait autour de la ville, fut teinte de sang pendant plus d'une heure, au point de n'en pouvoir boire les eaux, malgré la chaleur et la soif dont les vainqueurs étaient exténués. »

La communication de la Vera-Crux à Tesaico était sûre, et nous recevions souvent des nouvelles, les obstacles ayant été enlevés. J'en reçus dans ces circonstances des arbalètes, des fusils et de la poudre, à ma grande satisfaction ; mais ce secours fut suivi, deux jours après, d'une nouvelle beaucoup plus agréable encore, car un émissaire m'apprit qu'il était arrivé dans le port 3 navires chargés de troupes et de chevaux, qui allaient se mettre en route pour me joindre : dans le besoin où nous étions de renfort, il semblait que Dieu nous envoyait miraculeusement celui qu'on nous annonçait.

Menacés de nouveau par les Mexicains, les habitants de Chalco envoyèrent des députés prévenir Cortès et lui firent remettre une sorte de carte dessinée sur une pièce d'étoffe blanche, remplie de figures désignant chacune des villes qui contribuaient à cette expédition, et portant l'indication des routes que chaque contingent devait tenir. Cortès partit le 5 avril 1521 avec 30 cavaliers 500 fantassins et 20,000 Indiens. Après avoir échoué dans l'assaut d'un rocher abrupt sur lequel l'ennemi avait pris position, il en enleva le lendemain un autre moins difficile et prit ensuite la ville forte de Cuernabaca, dont le cacique vint se soumettre. Continuant son mouvement offensif, il traversa une contrée aride, sans eau et couverte d'épines, dans laquelle plusieurs Indiens moururent de soif et arriva à Suchimilco situé sur le lac d'eau douce à 4 lieues de Mexico.

Les habitants, prévenus de notre arrivée, y avaient pratiqué canaux sur canaux, et retranchements sur retranchements. Il avaient enlevé tous les ponts sur lesquels on pouvait les aborder. La ville était d'ailleurs défendue par une garnison nombreuse, choisie et déterminée à combattre jusqu'à la mort

Après avoir rassemblé et rangé mes troupes en bon ordre, je descendis de cheval et je m'avançai à à la tête d'un détachement d'infanterie, vis-à-vis d'un retranchement que je me proposai d'emporter de vive force. Protégé par le feu des fusiliers et par les arbalétriers, j'attaquai le retranchement et je contraignis les ennemis d'abandonner ce poste. Au bout d'une demi-heure de combat, nous les forçâmes de nous céder la majeure partie de leur retranchement : ils se retirèrent dans la portion de la ville située sur l'eau, et, de l'intérieur de leurs canots, ils combattirent jusqu'à la nuit. Les uns nous faisaient des signaux de paix, tandis que d'autres combattaient avec la plus grande valeur. Ils réitérèrent tant de fois ce procédé, que nous découvrîmes enfin leur double intention de sauver leurs biens et d'attendre des secours de Mexico; ils nous tuèrent ce jour-là deux Espagnols que l'ardeur du pillage avaient emportés et qui furent serrés de si près, qu'il fut impossible de leur donner du secours. Les ennemis s'occupèrent toute la nuit du moyen de nous faire périr dans la ville. Ils se rassemblèrent en grand nombre à la pointe du jour, et vinrent nous attaquer à l'improviste, par l'endroit où nous étions entrés dans la place. Cette ruse et la célérité de l'attaque leur donnèrent d'abord quelques avantages; mais je fondis sur eux avec six cavaliers que je trouvai sous ma main: épouvantés par les chevaux, ils prirent la fuite; nous sortîmes de la ville pour les poursuivre; en vain prirent-ils la résolution de résister, en vain, couverts de leurs boucliers, eurent-ils le courage d'attendre l'épée à la main les cavaliers. Nous pénétrâmes dans leurs rangs, et ils furent forcés d'abandonner le champ de bataille. Il faillit m'arriver personnellement dans cette action les plus grands malheurs; car, dans la mêlée et marchant fort vite, mon cheval fit un faux pas et s'abattit sous moi de fatigue; à l'instant je fus environné d'ennemis, contre lesquels je me défendis avec ma lance, et je fus secouru en même temps par un Indien et quelques domestiques, qui, quand je fus dégagé, m'aidèrent à relever mon cheval.

Sur la nouvelle de ce qui se passait à Suchimilco, les Mexicains se déterminèrent à venir assiéger les Espagnols par terre et par eau avec les plus grandes forces, dans la persuasion qu'ils ne pouvaient leur échapper, mais ils furent encore repoussés non sans avoir cependant sérieusement disputé la victoire. Cortès se rendit ensuite à Cuyoacan qu'il trouva dépeuplé.

Le lendemain de mon arrivée, je pris avec moi 5 cavaliers et 200 fantassins, pour aller jusqu'au lac par une chaussée qui conduit à Mexico. Nous vîmes sur des canots une multitude innombrable de gens de guerre; nous nous avançâmes jusqu'à un retranchement pratiqué sur la chaussée par l'ennemi : l'infanterie l'attaqua avec la plus vive impétuosité. Les ennemis se défendirent vigoureusement, il y eut 10 Espagnols de blessés; mais enfin le retranchement fut emporté; les Mexicains perdirent beaucoup dans cette occasion, quoique les fusilliers manquassent de poudre et les arbalétriers des flèches. Je découvris alors que la chaussée se prolongeait d'un côté en ligne droite jusqu'à Mexico pendant une lieue et demie, et de l'autre jusqu'à Istapalapa, et qu'elle était entièrement couverte d'ennemis. Après avoir reconnu le terrain et la nécessité de mettre une garnison dans cette dernière ville, je fis battre la retraite et incendier tous les bâtiments que nous rencontrâmes. Nous partîmes le lendemain pour Tacuba éloigné de 2 lieues ; nous y arrivâmes à 9 heures du matin, après avoir été harcelés de tous côtés par les Mexicains qui, de leurs canots, sautaient à terre pour fondre sur nos bagages surtout et sur les Indiens de l'escorte. Les pertes continuelles qu'ils essuyaient dans leurs attaques, leur firent prendre le parti de nous laisser tranquilles. Je continuai ma retraite sans m'arrêter à Tacuba ; j'avais rempli mon but qui était de reconnaître l'objet que je voulais attaquer, de faire le tour des lacs, et de secourir nos alliés. Les Mexicains voyant que nous nous éloignions, reprirent courage, et vinrent fondre avec impétuosité au milieu de nos bagages ; mais la cavalerie qui se trouvait dans un terrain fort uni, et qui avait la facilité de se déployer et de manœuvrer à son aise, tira un tel parti de ses avantages, qu'elle fit une horrible boucherie des ennemis, sans éprouver d'échec. Deux Espagnols qui restèrent un peu trop en arrière, furent malheureusement faits prisonniers dans cette occasion, et à mon grand chagrin, parce que c'étaient deux vaillants soldats, auxquels, selon toute apparence, les Mexicains auront fait souffrir la mort la plus cruelle. Pour les venger de mon mieux sur l'ennemi, que ce succès avait rempli d'orgueil, je me mis en embuscade avec 20 cavaliers derrière quelques maisons à la sortie de Tacuba ; je laissai avancer sur un chemin fort large et bien uni les Mexicains sans défiance, et dans le moment où ils se disposaient, après m'avoir dépassé en partie, à fondre sur les 10 autres cavaliers et sur les bagages, je tombai au mot Saint-Jacques avec la plus grande vivacité sur leur centre : nous en tuâmes plus de cent des principaux, avant qu'ils aient pu se jeter dans leurs canots qui en étaient bien près ; cette attaque leur ôta l'envie de nous poursuivre. Nous fîmes encore 2 lieues après cette expédition, et nous arrivâmes à Coatinchan bien fatigués et bien mouillés, car il avait plu continuellement la nuit et le jour. Nous trouvâmes la ville dépeuplée ; le lendemain nous marchâmes sur Gilotepeque, et dans la journée nous ne fûmes qu'étourdis par les cris de quelques détachements ennemis que nous dispersâmes à coups de lance ; et enfin le jour suivant nous arrivâmes à Tesaico, où les Espagnols nous reçurent avec de grandes démonstrations d'amitié. N'ayant eu aucunes nouvelles de nous depuis mon départ, ils avaient été dans de continuelles alarmes, et menacés à chaque instant de voir fondre sur eux toutes les forces du Mexique.

Pendant mon premier séjour à Mexico, j'avais eu la précaution de faire construire plusieurs métairies dans différentes provinces susceptibles d'agriculture, et d'y faire cultiver avec soin les différents végétaux qui convenaient au climat et au terrain. J'avais donc envoyé pour cet objet deux Espagnols dans la province de Chinantla, indépendante de l'empire du Mexique. Dans celles qui en dépendaient, tous mes établissements avaient été ravagés et pillés, et les Espagnols tués, quand j'avais été contraint de sortir de Mexico. Toutes les communications étant interrompues par les effets de la guerre ou par la révolte de provinces, il y avait plus d'un an que je n'avais eu de nouvelles de Chinantla : les Indiens de cette province, ennemis des Mexicains et vassaux de Votre Majesté, empêchèrent les Espagnols de sortir de la province, par amitié pour eux. Ils leur représentèrent le danger où il s'exposeraient si, comme ils pouvaient le leur assurer, les Mexicains nous avaient fait une guerre si cruelle, qu'ils croyaient qu'aucun de nous ou au moins fort peu eussent échappé au danger. Ces deux Espagnols suivirent le conseil des Indiens, qui choisirent pour capitaine le plus jeune d'entre eux : il entendait si bien l'art de la guerre, qu'il ne combattit presque jamais les Mexicains à leur tête, sans emporter des avantages signalés.

Les Indiens de Chinantla, qui avaient appris mes malheurs, n'ignorèrent pas nos succès; ils surent nos victoires et le rétablissement de nos pertes; ils dirent aux Espagnols qu'ils avaient des compatriotes dans la province de Tepeaca, et leur proposèrent, pour s'assurer de la vérité, d'envoyer deux Indiens, malgré les risques qu'il y aurait à courir en traversant le pays ennemi : l'un des deux Espagnols remit à ces Indiens qui arrivèrent à Tepeaca après avoir marché la nuit par des sentiers détournés, la lettre que voici :

Noble Seigneur,

« J'ai déjà eu l'honneur de vous écrire deux ou trois fois, sans recevoir de réponse. J'ignore si mes lettres vous sont parvenues, et je ne suis guère plus savant sur le sort de celle-ci. Vous apprendrez, si vous la recevez, que les Mexicains sont nos plus mortels ennemis ; qu'ils nous attaquent continuellement, ainsi que les Indiens de Tuxtepeque, quoique, grâce à Dieu, ils aient été jusqu'ici sans cesse repoussés. Les Indiens de Tenés ont sept villes parfaitement soumises à notre maître commun. Nous habitons toujours, Nicolas et moi, Chinantla, leur capitale : nous voudrions savoir, pour tout au monde, en quel lieu réside le capitaine Cortès, pour l'instruire de tout ce qui nous concerne ; si par hasard vous l'apprenez, et si vous m'envoyez 20 ou 30 Espagnols, je partirai avec deux des principaux du pays qui désirent lui parler, Il serait bien nécessaire qu'on nous envoyât des secours ; il est temps de recueillir le cacao, et les Mexicains nous empêchent de travailler à cette récolte.

« De Chinantla, avril 1521.

HERNAND DE BARRIENTOS. »

Le commandant que j'avais laissé à Tepeaca reçut cette lettre qu'il m'adressa sur-le-champ à Tesaico : elle me fit grand plaisir, car malgré la confiance que m'avaient inspirée les Indiens de Chinantla, je craignais qu'ils ne s'alliassent avec les Mexicains, et qu'ils ne tuassent mes Espagnols. Je leur répondis à l'instant : je leur fis en abrégé un récit du passé, et je leur donnai l'espoir d'être libres incessamment, quoique environnés d'ennemis pour le présent.

Le tour des lacs étant achevé, et ayant fait toutes les reconnaissances possibles, pour faire avec avantage le siège de Mexico, je m'occupai sans relâche de l'augmentation et de l'armement des troupes : je pressai l'entière construction des brigantins et je fis creuser un canal qui commençait près des chantiers et qui allait aboutir dans le lac, éloigné au plus d'une demi-lieue.

Pendant 50 jours, 8,000 ouvriers de la province d'Aculacan travaillèrent à ce canal, qui avait 12 pieds de profondeur et autant de largeur : revêtu de pierres et de fascines, et ses eaux étant au niveau du lac, on pouvait y lancer les brigantins sans peine et sans danger ; aussi le furent-ils le 15 avril 1521.

Je fis ensuite la revue générale de nos troupes et de nos munitions : nous étions 86 cavaliers, 118 arbalétriers fusiliers, et plus de 700 fantassins ; nous avions 3 grosses pièces de canon de fer ; 15 petites pièces de campagne de bronze et 10 quintaux de poudre. La revue faite, j'engageai de mon mieux les Espagnols à obéir ponctuellement aux ordonnances de guerre que j'avais rédigées : je les exhortai à prendre courage et à redoubler de zèle et d'efforts à la vue des miracles que Dieu avait faits jusqu'ici pour nous donner la victoire, et des secours d'hommes, de chevaux et de vaisseaux qu'il nous avait procurés au delà de nos espérances ; que combattant pour la propagation de la Foi, et les intérêts de Votre Majesté à la puissance de laquelle nous devions soumettre de nouveau tant de provinces révoltées, j'attendais d'eux le dévouement le plus parfait et les efforts les plus vigoureux. Tous me jurèrent d'une voix unanime obéissance et désir de combattre. Au milieu de la vive allégresse répandue ce jour-là dans tous les cœurs, brillait le désir de voir déjà la réduction d'une capitale, d'où dépendait la fin de la guerre et le rétablissement de la tranquillité et de la félicité publiques.

J'envoyai le surlendemain des députés aux provinces de Tascalteca, de Guaxucingo et de Churustecal pour leur apprendre que toutes mes dispositions étaient faites pour le siège de Mexico ; je leur demandai incessamment tous les secours dont ils pouvaient m'aider. Je leur donnai 10 jours pour se préparer, se bien armer et me joindre, en les priant de ne point apporter d'obstacles par leur retard à l'exécution de mes projets.

Mes députés trouvèrent à leur arrivée les Indiens tout prêts et avec le plus grand désir de combattre les Mexicains. Ceux de Guaxucingo et de Churustecal se rendirent à Chalco, suivant l'ordre que je leur en avais donné ; et les Indiens de Tascalteca, en grand nombre et bien armés, arrivèrent à Tesaico 5 ou 6 jours avant la Pentecôte. J'allai au-devant d'eux pour les recevoir. Je les trouvai dans les dispositions les plus favorables, pleins d'allégresse et du désir de combattre. Leurs capitaines me dirent qu'ils étaient plus de 50,000 hommes, que nous reçûmes de notre mieux, et que je fis loger.

Le second jour de la Pentecôte, je fis rassembler dans la place de Tesaico l'infanterie et la cavalerie, pour former les divisions que je voulais confier aux capitaines qui devaient aller prendre poste dans trois villes qui environnent Mexico. Je donnai ordre à Pierre d'Alvarado de se porter sur Tacuba avec 30 cavaliers, 18 fusiliers, 150 fantassins armés d'épées et de boucliers, et plus de 25,000 Indiens de Tascalteca.

J'ordonnai à Chr. Olid de se porter sur Cuyoacan avec 33 cavaliers, 18 fusiliers ou arbalétriers et 160 fantassins armés d'épées et de boucliers, et plus de 2,000 de nos alliés. Je formai la troisième division de 24 cavaliers, de 17 fusiliers ou arbalétriers et de 150 fantassins armés d'épées et de boucliers dont 50 d'élite ne m'avaient jamais quitté ; je donnai le commandement de cette division à Sandoval qui avait encore sous ses ordres tous les Indiens de Guaxocingo, de Churustecal et de Chalco, au nombre de plus de 30,000. La mission de Sandoval était de se porter d'abord sur Istapalapa pour le détruire, de se réunir ensuite à la division d'Olid pour s'avancer de concert sur une chaussée de Mexico à la faveur des brigantins, et prendre poste partout où il jugerait convenable.

Je destinai au service des brigantins que je devais commander, 300 marins d'élite. Chaque brigantin portait 25 Espagnols, dont un commandant et 6 fusiliers.

Voulant reconnaître Mexico par eau et détruire une grande quantité de canots, j'aurais été prendre des mesures convenables dans tous les quartiers, si j'avais eu moins de confiance dans la valeur et l'expérience des chefs à qui j'en avais confié le commandement ; mais je n'ajoutai presque rien aux précautions qu'ils avaient prises. Je m'embarquai dans la persuasion où j'étais que la plus grande partie des événements se passeraient sur l'eau ; et au moment de partir, j'ordonnai à Sandoval de se porter avec le corps d'armée de 35 ou 40,000 hommes qu'il commandait, sur Istapalapa en ligne droite ; quoique éloigné de Tesaico de six lieues, il y arriva à midi, y mit le feu, et contraignit les habitants, après un combat assez vif, de se réfugier dans un canot. Le général, après cette expédition, prit ce logement et attendit mes ordres.

9.

Aussitôt Sandoval parti, je m'embarquai sur les brigantins qui s'avancèrent sur les lacs, au moyen des voiles et des rames. Tandis que le général mettait Istapalapa à feu et à sang, nous arrivâmes à la vue d'un coteau situé sur le lac près de cette ville ; assez bien fortifié, il était défendu par une multitude de guerriers venus des villes voisines et de Mexico, où l'on était déjà prévenu que nos premières attaques seraient dirigées sur Istapalapa. Dès que les Mexicains virent la flotte s'avancer, ils poussèrent des cris épouvantables et allumèrent des feux pour avertir les habitants de se tenir sur leurs gardes. Ma première intention était d'attaquer la portion de la ville d'Istapalapa construite sur l'eau ; mais à la vue de ce coteau escarpé et bien défendu, je m'élançai à terre avec 160 hommes. Nous commençâmes à le gravir avec bien de la peine ; mais enfin nous nous rendîmes maîtres des retranchements élevés sur le sommet, et nous fîmes des ennemis une telle boucherie, que peu échappèrent, à l'exception des femmes et des enfants. Nous perdîmes 25 Espagnols dans ce combat, mais nous remportâmes une victoire signalée.

Les feux allumés sur les plus hautes tours d'Istapalapa indiquèrent à Mexico que j'étais sur le lac avec mes brigantins : une quantité innombrable de canots vinrent pour les reconnaître et pour nous attaquer. Plus de 500 s'approchèrent d'assez près ; je me rembarquai promptement avec tout mon monde, et j'ordonnai aux capitaines des brigantins de faire cesser toute manœuvre, afin d'engager les canots au combat, par la crainte que semblerait nous inspirer leur multitude. Ils commencèrent effectivement à venir à nous en toute diligence, mais ils s'arrêtèrent tout d'un coup, à une portée de fusil environ. Désirant que notre premier choc nous procurât de grands avantages et leur inspirât un grand effroi pour le reste de la guerre, j'attendis patiemment un vent favorable pour fondre sur eux avec impétuosité ; il souffla enfin, et nous en profitâmes à instant ; nous coulâmes à fond un grand nombre de bâtiments, et nous poursuivîmes le reste pendant plus de 3 lieues, et jusque dans Mexico. L'ennemi perdit beaucoup dans ce combat naval, par le feu et par l'eau, et Dieu nous accorda une victoire plus complète que toutes celles que nous aurions osé désirer.

Le détachement de Cuyoacan, plus à la portée de voir que celui de Tacuba les succès de cette journée, poussa de grands cris d'allégresse au moment de la défaite des canots. Il se trouvait par là délivré d'un nombre incalculable d'ennemis, qui, heureusement jusque-là, n'avaient point connu leurs véritables forces, et qui étaient un peu découragés. Ce détachement n'aperçut pas plus tôt les premiers effets de la victoire, qu'il sortit de son poste pour attaquer avec la plus vive ardeur les troupes mexicaines sur la chaussée. Il les mena tambour battant pendant plus d'une lieue, en forçant tous leurs postes, en comblant les retranchements et les ponts à mesure qu'ils les emportait, et il arriva en vainqueur à la hauteur des brigantins que je fis mettre à l'ancre.

Cortès attaqua alors deux petites tours sur le bord du rivage d'où l'on pouvait l'incommoder ; il les prit et combattit le lendemain sur terre et sur eau les Indiens avec le même succès.

Soutenu par un grand nombre d'alliés, je formai le projet d'attaquer la place et d'y pénétrer le plus avant qu'il me serait possible ; je plaçai les brigantins, montés par 255 Espagnols, des deux côtés de la chaussée, pour soutenir mon attaque ; je tirai un renfort de Cuyoacan, et, à la tête de 200 fantassins, dont 25 fusiliers, je m'avançai sur la chaussée qui conduisait de mon quartier à Mexico, en laissant à l'arrière-garde, pour me défendre au besoin, une vingtaine de cavaliers soutenus de plus de 10,000 alliés, contre les habitants de Suchimilco, Culuacan, Istapalapa, Chilobusco, Mexicalcingo, Guitaguacad et Misquique, qui, révoltés en faveur des Mexicains, pouvaient m'attaquer par derrière.

J'ordonnai à Sandoval et à d'Alvarado de faire, chacun de leur côté et par leur chaussée, la même manœuvre que moi, pour tâcher de gagner le plus de terrain possible. Toutes ces dispositions prises, je sortis de mon quartier de grand matin; nous suivîmes la chaussée, et nous tardâmes peu à trouver devant nous une coupure assez large et profonde défendue par un grand retranchement. Si l'attaque fut vigoureuse, la résistance fut vive; en vain aurions-nous tenté d'emporter ce retranchement, si l'artillerie des brigantins n'en eût pris les défenseurs en flanc et à revers, en enfilant les parapets. Il fut emporté par ce moyen, et nous marchâmes de là sans obstacles, jusqu'à l'entrée de Mexico, où nous rencontrâmes de nouveaux retranchements pratiqués derrière un canal dont on avait enlevé les ponts, et qui était protégé par les tours d'un temple bâti à chaux et à ciment. La première attaque fut inutile; mais à l'arrivée des brigantins, les dangers diminuèrent et ce poste important fut enlevé comme les premiers : les Espagnols des brigantins sautèrent dans le retranchement dès qu'ils virent que les Mexicains commençaient à lâcher pied et les brigantins nous servirent de pont, ainsi qu'à plus de 80,000 alliés. Je fis combler le canal et tous les mauvais pas, avec des fascines, de la terre et des pierres. Nous emportâmes ensuite le retranchement des Mexicains dans la rue principale avec d'autant plus de facilité, qu'il n'y avait point de canaux ou de fossés pleins d'eau pour le défendre. Nous poussâmes vigoureusement les ennemis jusqu'à un autre pont qu'ils avaient emporté, à l'exception d'une poutre sur laquelle ils passaient. Dès qu'ils eurent traversé cette poutre, ils l'enlevèrent promptement et allèrent se réfugier derrière un retranchement construit en briques, où nous ne pouvions arriver qu'en nous jetant à l'eau ; la manœuvre était dangereuse devant des ennemis vigoureux qui remplissaient les rues, les maisons et les terrasses, et qui les défendaient avec valeur. Heureusement, il nous arriva un secours considérable de fusiliers et 2 pièces de canon que nous pointâmes de manière à enfiler la grande rue. Ces deux pièces firent un effet terrible, et quelques Espagnols s'étant aperçus du désordre affreux où elles mettaient l'ennemi, se jetèrent à l'eau et passèrent de l'autre côté.

Ce coup hardi en imposa aux ennemis ; ils commencèrent à lâcher pied au bout de 2 heures de combat. Peu après, ils évacuèrent le poste, les retranchements et les terrasses, et prirent la fuite. Mon détachement passa en entier de l'autre côté du pont, dont je fis d'abord combler le canal pour pouvoir avec plus de facilité raser le retranchement. Nous poursuivîmes les ennemis jusqu'à un autre point éloigné de 2 portées de fusil. Le pont situé près de la place où sont élevés les plus beaux édifices de Mexico, n'était point détruit, parce que les ennemis n'avaient jamais pu imaginer, non plus que nous-mêmes, que nous puissions en un seul jour, leur enlever autant de postes et gagner autant de terrain. Je fis pointer une pièce de canon que je dirigeai sur la place remplie de Mexicains : elle y fit de si prodigieux ravages, que les Espagnols de concert résolurent de profiter de la frayeur de l'ennemi pour l'emporter. Étonnés d'un pareil dessein, nous voyant secondés par plus de 80,000 Indiens qu'ils n'auraient pas redoutés s'ils avaient été seuls, ils prirent la fuite et furent poursuivis jusque dans les temples où ils se réfugièrent. Nous emportâmes ces temples, et nous nous y arrêtâmes quelques moments pour y reposer; mais les Mexicains nous voyant sans cavalerie, revinrent en si prodigieuse quantité, qu'ils nous chassèrent des tours et de l'enceinte ; le danger croissait à chaque instant ; la retraite était difficile et naturellement précipitée; en vain avions-nous voulu tenir ferme aux portes de l'enceinte, nous en fûmes chassés; poursuivis d'abord dans la place, nous fûmes contraints de l'abandonner ; poursuivis après dans la grande rue, nous fûmes obligés d'y abandonner la pièce de canon que nous y avions braquée. L'impétuosité de l'ennemi, l'orgueil du succès rendait la retraite de plus en plus difficile, lorsque Dieu permit que 3 cavaliers parvinssent jusqu'à la place. Les ennemis croyant à leur aspect qu'ils étaient suivis d'un beaucoup plus grand nombre, commencèrent à fuir, les Espagnols en tuèrent quelques-uns, et reprirent les postes et la cour du grand temple. Dix à douze des principaux Mexicains, réfugiés dans la tour la plus élevée, s'y étaient fortifiés de leur mieux ; il y avait plus de 100 degrés à gravir pour arriver au dernier étage ; quatre ou cinq Espagnols entreprirent d'y monter et réussirent dans leur projet, malgré la vigoureuse défense des assiégés qui y périrent tous.

Cinq ou six cavaliers joignirent les trois premiers et tuèrent plus de 30 hommes en sortant de leur embuscade. La nuit avançait, je fis rassembler les troupes et j'ordonnai la retraite : nous fûmes assaillis en ce moment par une multitude de Mexicains si considérable, que sans les efforts de la cavalerie, nous aurions été très maltraités. Heureusement que j'avais pris la précaution, pour favoriser ma retraite, de réparer tous les mauvais pas et de rétablir les ponts. Par ce moyen, la cavalerie, manœuvrant à l'arrière-garde avec facilité, couvrit nos derrières, contint l'ennemi et en tua toujours quelques-uns à coup de lance. Dans toute la longueur de la rue, les terrasses de Mexico étaient garnies de pierres et d'hommes pour les lancer. Il aurait fallu combattre avec inégalité pendant 24 heures, si je n'avais fait doubler le pas pour rejoindre mon quartier par la chaussée, après avoir incendié tous les édifices et toutes les maisons que nous pûmes aborder : malgré l'acharnement de l'ennemi dans la poursuite surtout, aucun Espagnol ne périt dans cette journée, plusieurs furent assez dangeureusement blessés, et nous fîmes assez de ravages par le feu pour n'être plus exposés au désavantage que nous éprouvions de la hauteur des tours et des terrasses.

Le cacique de Tescuco ayant amené un renfort de 30,000 alliés et les indigènes de Suchimilco et d'Otumba s'étant soumis, Cortès attaqua Mexico en se faisant appuyer par ses brigantins sur le lac.

Je sortis de mon quartier à la tête de 20 cavaliers, de 300 fantassins, et d'un nombre considérable d'Indiens. En avançant sur la chaussée, nous rencontrâmes bientôt les ennemis qui nous attendaient en poussant de grands cris. Pendant les trois jours que les hostilités parurent suspendues, les Mexicains s'étaient occupés sans cesse à nettoyer les fossés, les canaux et les retranchements comblés par nous, et à augmenter les difficultés ; mais les brigantins portèrent les premiers coups en s'avançant des deux côtés de la chaussée. Le feu de l'artillerie, de la mousqueterie, et l'effet des arbalètes, firent tant de ravages parmi les ennemis, que le désordre en fut une suite nécessaire. Les troupes des brigantins s'emparèrent alors des retranchements, et facilitèrent le passage aux troupes de terre. Nous poursuivîmes l'ennemi de près de porte en porte, et successivement nous le chassâmes de la grande rue, des édifices et de la place principale. J'ordonnai aux Espagnols de s'arrêter dans le cours de leurs poursuites, tandis que je faisais combler à mesure, pour avoir des communications libres, les fossés, les canaux et les retranchements, par plus de 20,000 Indiens qui travaillèrent jusqu'au soir. Pendant ce temps-là les Espagnols ne cessèrent néanmoins de combattre, de faire des feintes pour attirer l'ennemi, de lui tendre des pièges, et de se placer dans les embuscades où il en périt un grand nombre. Je parcourus moi-même avec de la cavalerie, la plus grande partie des rues où il il n'y avait point de canaux, et à coups de lance nous exterminâmes tous les Mexicains que nous rencontrâmes. Malgré ces violents procédés, les assiégés paraissaient toujours déterminés à se défendre jusqu'à la dernière extrémité : il ne me parvint aucune proposition de leur part, et je vis avec peine que non seulement nous ne pourrions point recouvrer les richesses que nous avions perdues, mais que nous serions forcés peut-être à ne pas laisser en vie un seul Mexicain. Plein de cette dernière idée qui me causait le plus cruel chagrin, je me déterminai à faire un dernier effort pour les intimider et pour les amener à la soumission : je fis brûler les repaires de leurs idoles, et les grandes maisons qui ornaient la place, et où nous avions logé autrefois. Ces maisons étaient si vastes que dans chacune un prince avec une suite de plus de 600 personnes aurait pu s'y loger à l'aise.

Je regrettais infiniment d'être forcé d'en venir à de pareilles extrémités ; mais je savais qu'elles seules étaient capables d'affliger et de rabattre le courage de nos ennemis, qui ne purent jamais imaginer que j'aurais d'assez grands moyens pour m'emparer, en si peu de temps, du quartier de la ville le plus étendu.

Sur la fin du jour, je rassemblai mes troupes, et j'ordonnai la retraite au quartier ; à peine commençâmes-nous à l'exécuter, que les Mexicains nous attaquèrent comme de coutume : la facilité que la cavalerie de l'arrière-garde avait pour manœuvrer, causa de grandes pertes à l'ennemi toutes les fois qu'elle faisait volte-face. Ils poussèrent de grands cris comme à l'ordinaire ; mais ils montrèrent moins de courage à la vue surtout des Indiens de Tesaico, de Calco, de Suchimilco et d'Otumba qui, de leurs anciens alliés, étaient devenus leurs ennemis les plus acharnés. Ils mettaient tout à feu et à sang, ils faisaient retentir le nom de leurs provinces, et montraient aux Mexicains leurs compatriotes coupés par quartiers, qu'ils se proposaient de manger le soir même ou le lendemain, et ils ne remplissaient que trop exactement leurs menaces. Nous allâmes chercher du repos dans notre quartier après avoir combattu ou travaillé toute la journée. Les brigantins se retirèrent après avoir parcouru une partie des canaux de la ville, et brûlé le plus de maisons qu'il était possible. D'Alvarado et Sandoval se retirèrent après avoir causé les plus grands dommages à l'ennemi commun.

Le lendemain à la pointe du jour, je retournai à la ville dans le même ordre que la veille, afin de ne pas laisser à l'ennemi le temps de ruiner nos travaux, et de se fortifier de nouveau. Nous trouvâmes, malgré notre diligence, plus des deux tiers des canaux et des fossés nettoyés, et de nouvelles difficultés à franchir ; les différents combats ne finirent qu'à une heure après midi, après avoir épuisé nos munitions en tout genre, et avoir affronté de nouveaux dangers, puisque nous fûmes obligés de traverser la plupart des canaux à la nage, et d'éprouver à l'autre bord la plus vive résistance.

Votre Majesté pourra désapprouver ma conduite à la lecture des nouveaux dangers que nous courions chaque jour pour regagner les postes emportés la veille ; elle pourrait croire avec vraisemblance que j'aurais dû établir mon quartier dans la ville, ou garder les postes enlevés par des détachements capables de contenir l'ennemi ; car ce raisonnement doit être dans la bouche de tous ceux qui ne connaissent point le terrain ; mais je prierai Votre Majesté de réfléchir sur la fausseté de cette combinaison. Si j'avais établi mon quartier au centre de la ville, dans la place, dans les temples ou dans les maisons susceptibles de défense, j'aurais été attaqué à toute heure du jour et de la nuit, et de toute part ; je n'aurais pas été certain de résister avec mon peu de monde, à tant d'assauts multipliés, j'aurais excédé les troupes de veilles et de précautions, ou j'aurais été surpris. Je n'aurais pu répondre toujours de la valeur et de l'intelligence de tous les chefs dont quelques-uns, faute de précautions, auraient pu me laisser entamer dans quelques parties. Enfin qu'aurais-je fait le lendemain avec des soldats, qui auraient passé plusieurs nuits de suite sous les armes ? Si on applique les mêmes principes aux gros détachements, qui auraient été nécessaires à la conservation des retranchements, des ponts, etc., on sera également convaincu de la faute que j'aurais commise. Des soldats qui ont combattu tout le jour et qui sont excédés de fatigue, ont besoin de repos ; leur confier des postes, à la longue, c'est se commettre, et je voulais, Sire, vous bien servir et conserver ma gloire.

Tous les habitants d'Istapalapa, d'Orchilobusco, de Mexicacingo, de Culuacan, de Mezquique, de Cuitaguaca, et des villes situées sur le lac d'eau douce, qui jusqu'ici avaient refusé de se soumettre, mais qui ne nous avaient point attaqués, voyant les victoires accumulées que nous remportions sur les Mexicains, et craignant nos ravages ou ceux de nos alliés, vinrent me supplier de leur pardonner et de recevoir leurs soumissions, que j'acceptai à la condition qu'ils m'aideraient de leurs canots et de leurs soldats, à prendre Mexico que je voulais absolument réduire de gré ou de force. Je les chargeai encore de construire des deux côtés de la chaussée dans mon quartier, des maisons capables de loger les Espagnols et les Indiens occupés spécialement à les servir, et dont le nombre pouvait aller à 2,000. Ils acceptèrent mes conditions et préparèrent en toute diligence leurs canots et leurs troupes : ils transportèrent en peu de temps les bois, les briques et les matériaux de construction, et ils travaillèrent avec tant d'ardeur et de zèle, qu'en très peu de temps, ils construisirent des deux côtés de la chaussée, deux rangs de maisons solides et commodes qui formèrent une rue de quatre portées de fusil de longueur, large et bien percée, où l'infanterie et la cavalerie pouvaient marcher avec aisance. Ils nous fournirent en outre des comestibles de toute espèce, et surtout du poisson et des cerises, dont la récolte est ordinairement si abondante, qu'elle peut suffire pendant 6 mois au double des habitants de ces contrées.

Nous étions entrés plusieurs jours de suite dans Mexico, quatre fois nous avions répété les scènes sanglantes déjà décrites ; une partie de la ville était brûlée, la plupart des terrasses étaient renversées et les obstacles de la nature et de l'art surmontés : toujours vainqueurs, nous avions écrasé les ennemis par notre artillerie et par la mousqueterie ; j'imaginais conséquemment qu'ils viendraient de jour en jour me demander la paix, et mon cœur désirait sans cesse de leur part une démarche que tout devait leur inspirer. Indigné de leur obstination, je crus devoir les serrer de plus près et les réduire aux plus dures extrémités : je me déterminai donc à faire mouvoir toutes mes forces en même temps, pour attaquer Mexico par cinq endroits différents. Sandoval et d'Alvarado attaquèrent chacun de leur côté, tandis que par deux autres une multitude innombrable de nos nouveaux alliés, montés sur plus de 1,500 canots et précédés à chaque point d'attaque par trois brigantins, attaquèrent des deux côtés de la chaussée, et firent le tour de la ville en mettant le feu partout. Quant à moi, j'y entrai à la tête de l'élite des troupes par la principale rue, avec l'intention de parvenir à établir par la rue de Tacuba une communication sûre avec d'Alvarado, de laquelle j'espérais les plus grands avantages. Je ne trouvai point d'obstacles jusqu'à la grande place ; mais nous avions au delà sept ponts qui ne pouvaient être emportés sans péril. Je détachai un officier et 70 hommes que je fis soutenir par 6 cavaliers et 10 ou 12,000 Indiens, à l'effet d'occuper une rue que je lui désignai. J'en détachai un autre avec de pareilles forces, pour s'emparer d'une autre rue sur ma gauche, et je marchai droit à la rue de Macuba entre ces détachements avec le reste des troupes : nous emportâmes trois ponts, dont nous fîmes combler les fossés ce jour-là. Nous remîmes la partie pour les autres au lendemain, parce qu'il était tard, et nous nous retirâmes en apprenant que tout nous avait réussi dans cette journée, et que de toute part on avait obtenu des succès et emporté du butin.

Le lendemain la manœuvre de la veille recommença avec des succès plus éclatants encore ; l'ennemi n'osait plus tenir, et d'Alvarado le pressait vivement. Les trois quarts de la ville étaient emportés, et je m'attendais à chaque instant à recevoir des propositions de paix; mais personne ne parut et nous retournâmes dans nos quartiers pleins d'allégresse de nos succès : elle n'était altérée que par le désagrément d'avoir affaire à un ennemi qui, dans l'impuissance de se défendre désormais, préférait encore la mort à la soumission.

Dans ces derniers jours d'Alvarado s'était emparé de plusieurs ponts qu'il avait tenté de conserver par des détachements, des sentinelles et des vedettes qui surchargeaient de service et de fatigue son corps d'armée; pour éviter désormais un inconvénient aussi fâcheux, il résolut de changer de quartier et de transporter le sien dans la grande place entourée d'arcades, qui servait de marché aux Mexicains : pour y parvenir il fallait encore forcer quelques retranchements et s'emparer de plusieurs ponts; les difficultés ne le rebutèrent point, en habile homme il profita du découragement où nos succès avaient jeté l'ennemi, et attaqua avec beaucoup de vivacité un poste défendu par un fossé large de 70 pieds dont il s'empara à l'aide des brigantins. Selon ma méthode, il faisait avec la plus grande diligence combler le fossé pour faciliter le passage et les manœuvres de la cavalerie, de qui seul dépendaient les plus grands succès de cette guerre, lorsque les assiégés qui n'aperçurent de leur côté que 40 ou

50 Espagnols, les chargèrent avec tant de furie avant que le passage fût praticable, qu'ils les contraignirent à fuir et à se jeter à l'eau, avec perte de quatre Espagnols, et de quelques Indiens qu'ils firent prisonniers et qu'ils allèrent à l'instant sacrifier.

Alvarado se retira après cet échec dans son quartier : à peine étais-je arrivé dans le mien, que j'appris cet événement, d'autant plus malheureux qu'il devait encourager l'ennemi et lui persuader que nous n'aurions jamais la hardiesse de le forcer. Alvarado n'avait tenté son entreprise, que par rapport à nos succès, à la timidité et à la faiblesse des ennemis et à l'importunité de ses soldats, qui ne cessaient de l'exciter à s'emparer d'un poste qui leur ouvrirait le chemin du grand marché, dont la prise déciderait celle de Mexico, puisque cette place en faisait toute la force, et que les Mexicains y fondaient toutes leurs espérances. Un point d'honneur favorable au succès, excitait les troupes d'Alvarado; ils me voyaient combattre tous les jours avec avantage les Mexicains, ils craignaient que je ne m'emparasse avant eux de cette place, et comme ils en étaient beaucoup plus près, leur amour-propre les engageait à presser d'Alvarado à les mener à l'ennemi.

Dans mon quartier, mêmes sollicitations : tous les Espagnols me pressaient vivement de pénétrer par l'une des trois rues qui aboutissent à ce marché, en m'assurant que nous ne trouverions point de résistance; et en représentant, qu'une fois maîtres de ce poste, nous aurions bien moins de fatigues et de travaux à supporter. Je m'excusai de mon mieux sur le refus d'adhérer à leurs propositions et à leurs désirs. Je cachai le véritable motif de ma résistance et je ne leur exposai point les dangers que nous avions à courir pour y arriver, par la quantité de terrasses, de ponts, de fossés, de retranchements que nous devions traverser, puisque chaque maison dont nous voulions nous emparer, formait à elle seule une île bien défendue.

Je partis le lendemain de l'échec d'Alvarado, pour aller dans son quartier, lui représenter son imprudence, reconnaître l'état actuel des choses, ses progrès et sa position, afin de lui donner les ordres les plus utiles à sa sûreté et les plus nécessaires pour incommoder les Mexicains.

A mon arrivée, je fus très étonné de ses succès et de la proximité où son quartier était de Mexico : la satisfaction que j'en ressentis diminua de beaucoup à mes yeux l'étendue de la faute que je croyais qu'il avait commise ; et après avoir conféré sur ce qui lui restait à faire, je m'en retournai à mon quartier.

Je recommençai mes incursions dans la ville par les mêmes points où j'y avais déjà pénétré tant de fois. J'attaquai dans six endroits, en partageant mes brigantins et avec trois détachements que je formais. Chaque jour était signalé par de nouveaux avantages, par la mort ou la prise d'un nombre considérable de Mexicains, et par les renforts que je recevais de toute part ; je différais néanmoins de satisfaire aux désirs témoignés à chaque instant par les Espagnols, de pénétrer plus avant dans la ville ; j'aurais préféré, aux risques de cette entreprise la soumission des Mexicains, et je voulais parvenir à vaincre sur cet objet leur opiniâtreté. Les importunités redoublèrent de toutes parts : les Espagnols, qui combattaient sans répit depuis vingt jours, désiraient trouver enfin le terme de tant de dangers et de si grandes fatigues. Pour moi, l'espoir de réduire les Mexicains par la faim et la soif, quand une fois je serais maître de la place du grand marché, me détermina enfin pour l'attaque, en prenant, auparavant, des mesures avec mes deux lieutenants généraux.

Le lendemain j'assemblai un conseil de guerre dans mon quartier : il y fut résolu d'attaquer le jour suivant Mexico de toutes parts et de faire les plus grands efforts pour emporter les postes qui nous séparaient de la grande place, où nous voulions nous loger. Je fis prévenir Sandoval et d'Alvarado de la décision du conseil, et je leur fis remettre par écrit le plan de conduite qu'ils devaient observer chacun de leur côté : Sandoval devait joindre le jour de l'action Alvarado avec 10 cavaliers, 15 fusiliers et 100 fantassins ; il devait laisser 10 autres cavaliers en embuscade ; et ordonner au reste de son détachement de faire semblant de se retirer avec tous les bagages pour attirer au dehors l'ennemi qui, d'après cette manœuvre, devait nécessairement faire de ce côté-là une nombreuse sortie, que la cavalerie chargerait à temps et vigoureusement. Sandoval devait en outre protéger les attaques d'Alvarado avec les 6 brigantins, surtout au poste intéressant où ce général avait reçu un échec ; il devait combler ce poste avec le plus grand soin, dès qu'il l'aurait emporté, et ne point faire un pas sans aplanir toutes les difficultés, sans assurer les communications et les retraites, et sans faciliter toutes les manœuvres de la cavalerie. Ils devaient ensuite tâcher de s'emparer de la grande place, sans s'exposer légèrement et en manœuvrant avec la circonspection qui indique le talent et la prudence, tandis que je ferais de mon côté les plus grands efforts pour parvenir au même but.

Je leur envoyai un second message de deux aides de camp, pour leur recommander de ne point chercher à gagner un pouce de terrain là où il y aurait des risques ; qu'un échec dans pareille entreprise serait très préjudiciable ; que je leur faisais faire ces observations par rapport à leur valeur qui pourrait les précipiter dans les plus grands dangers au péril de la vie, par le seul désir d'exécuter mes ordres ou de prévenir mes intentions ; je leur fis demander un secours de 60 ou 80 hommes pour le lendemain, parce que devant former plusieurs attaques, ils me seraient plus utiles qu'à ces généraux, qui réunis n'en formeraient qu'une seule.

Les ordres ainsi donnés, le lendemain à la pointe du jour, les brigantins, suivis de plus de 7,000 canots, partirent pour leur destination : je partis en même temps à la tête de 25 cavaliers, suivis de toute l'infanterie espagnole et alliée. Entré dans Mexico, je divisai, d'après la nature du terrain, mes forces de la manière suivante : de la place que nous avions plusieurs fois conquise, on trouve trois rues différentes dirigées sur la place du grand marché. Je confiai l'attaque de la rue du centre, la plus large et la plus directe, au trésorier ayant sous lui 10 cavaliers, 70 fantassins et plus de 20,000 Indiens, avec ordre de marcher prudemment et de combler fossés et retranchements, à mesure qu'il s'emparerait de quelques ponts ou d'un poste. Je confiai l'attaque de la rue à droite, comme la moins étroite, à 2 capitaines commandant 20 hommes et plus de 10,000 alliés, avec ordre de placer à l'entrée de la rue 2 grosses pièces de canon de fer et 8 cavaliers pour les garder ; et je me réservai le poste le plus épineux dans l'attaque de la rue la plus étroite que je me préparai de suivre avec 25 fusiliers, 75 fantassins et un grand nombre d'alliés : je plaçai à l'entrée de la rue 8 cavaliers, avec consigne de tenir ferme et de ne faire aucun mouvement, ni pour avancer, ni pour me suivre, que je ne leur en envoyasse l'ordre ; je mis pied à terre, et nous nous approchâmes d'un retranchement pratiqué par les Mexicains au bout d'un pont; nous leur enlevâmes ce poste au moyen d'une petite pièce de campagne, qui fit de merveilleux effets, et je passai à la tête des fusiliers et des arbalétriers sur une chaussée rompue en deux ou trois endroits.

Les ennemis étaient attaqués en quatre ou cinq points différents, et chassés de terrasse en terrasse, de retranchement en retranchement par une multitude d'Indiens ; pour nous, maîtres de 2 ponts, des postes les plus importants et de la chaussée, nous ne nous attendions pas à une grande résistance de la part des ennemis. En me portant cependant avec 20 Espagnols dans une petite île, je m'aperçus qu'un parti d'Indiens luttait corps à corps avec les Mexicains, que de temps en temps ceux-ci les pressaient si vivement, qu'ils obligeaient les Indiens de se jeter à l'eau : je me mis en devoir de les soutenir, ils retournèrent à la charge. Je contenais d'ailleurs les ennemis qui, par des rues détournées, pourraient entreprendre de prendre à dos les Espagnols qui gagnaient beaucoup de terrain. Ceux-ci m'envoyèrent avertir de leurs succès, du peu d'éloignement où ils se trouvaient du grand marché, et de la résolution qu'ils avaient formée d'y parvenir, puisqu'il entendaient combattre de l'autre côté le corps des deux généraux, et que d'ailleurs ils avaient assuré leur retraite, en cas d'échec, par des communications. Craignant qu'ils ne combattissent sans ordre, ou qu'ils n'eussent pas comblé bien exactement les fossés et les canaux qui étaient derrière eux, je me rendis à leur poste ; je trouvai effectivement un fossé de 12 pieds de large, et de plus de 10 pieds de profondeur, passé avec précaution sur des poutres ; mais la victoire qu'ils regardaient comme certaine, les avait aveuglés au point de négliger de combler le canal. A mon arrivée à ce poste de douleur, j'aperçus d'abord des Espagnols et des Indiens chargés vigoureusement et fuyant avec précipitation : je leur criais de tenir bon, lorsque je vis le canal rempli d'Espagnols et d'alliés tués, noyés ou pris par des Mexicains montés sur des canots.

Le combat était si vif, le carnage si grand et le désordre tel, que je résolus d'arrêter l'ennemi, et de sauver mes compagnons ou de mourir en combattant. Nous tendîmes la main d'abord à tous ceux qui se noyaient ; ils sortaient de l'eau ou blessés ou à demi étouffés, et presque tous sans armes ; et je les faisais retirer sur les derrières le plus promptement possible. Pendant ce temps-là, les ennemis se rassemblèrent en si grand nombre, que je fus enveloppé de toute part avec mon détachement de 15 hommes, sans m'être aucunement aperçu du danger que je courais moi-même par mon application à secourir les malheureux.

Plusieurs Mexicains avaient déjà la main sur

moi, et m'auraient sans doute fait prisonnier, sans la valeur d'un officier qui m'accompagnait toujours, et le dévouement d'un jeune soldat de sa compagnie, qui s'exposa à la mort, et qui la reçut pour me sauver.

Les Espagnols et nos alliés se retirèrent par une chaussée fort étroite et à fleur d'eau. Le passage en était si obstrué que les Mexicains, dans leurs canots, en tuèrent et firent autant de prisonniers qu'ils en voulurent, sans pouvoir m'y opposer. Le capitaine qui m'accompagnait, me sollicitait vivement de me retirer, et me représentait que sans moi personne ne pouvait échapper. Me voyant insensible à ses prières, il se détermina à vaincre mon opiniâtreté par la force ; il me prit dans ses bras, et, à l'aide de plusieurs Espagnols, il m'enleva d'un endroit périlleux, où j'aurais beaucoup mieux aimé recevoir la mort. Voyant qu'il fallait obéir à l'impérieuse loi de la nécessité, je cédai aux désirs de mes compagnons ; je leur promis de me retirer, et je les priai de permettre au moins que ce soit l'épée à la main : ils se rendirent à mes promesses. Serrés de près par les ennemis, nous nous retirions en braves gens, lorsqu'un de nos cavaliers arriva et nous débarrassa un peu jusqu'au moment où il reçut d'une terrasse basse, un coup de lance dans le col, qui le contraignit à s'en aller. Nous soutînmes avec fermeté les vigoureux efforts de l'ennemi, jusqu'à ce que toutes nos troupes fussent en sûreté, quoiqu'il fût presque impossible de marcher sur la chaussée, tant elle était glissante par la boue et par l'eau qu'y apportaient les soldats souvent obligés de marcher dans l'eau. Un de mes domestique m'amena un cheval que je montai, non pour combattre malheureusement ; car s'il eût été possible de le faire à cheval dans cette position, les huit cavaliers que j'avais placés avant l'action, nous auraient épargné le honteux échec que nous venions de recevoir.

Dans le péril extrême où je m'étais trouvé, ces cavaliers s'étaient avancés jusqu'à une petite île dans le dessein de protéger ma retraite ; mais ils avaient été contraints de se retirer en perdant deux chevaux, dont l'un était monté par Chr. Guzman, mon domestique, qui fut tué ainsi que son cheval en me l'amenant.

A force de confiance, de peine et d'efforts pour n'être point accablés, nous gagnâmes enfin la rue de Tacuba qui était fort large ; j'y fis filer mes troupes et j'en fis l'arrière-garde à la tête de 9 cavaliers. Les ennemis, enivrés de leur victoire, avaient l'air de vouloir nous exterminer ; tandis que je les contenais, j'envoyai l'ordre aux deux autres détachements de battre en retraite. Ils avaient combattu vaillamment, leurs chefs s'étaient conduits avec prudence, ils avaient comblé les canaux, les fossés et les retranchements forcés ; ils firent donc leur retraite comme ils le voulurent. Les Mexicains, pour les intimider, leur avaient jeté par-dessus les retranchements qu'ils défendaient, quelques têtes espagnoles ; mais cet horrible spectacle ne ralentit pas leur ardeur et avait au contraire augmenté en eux le désir de la vengeance, lorsqu'ils furent contraints, par mes ordres, d'abandonner leur proie et de me rejoindre dans la place dont nous étions maîtres. A peine rassemblés, nous y fûmes assaillis de toute part par une multitude d'ennemis, nous eûmes ce jour-là beaucoup de peine à leur faire tête, dans des endroits où 3 cavaliers et 10 fantassins en avaient auparavant contenu un plus grand nombre ; et quand nous fûmes retournés dans nos quartiers, les assiégés se rendirent, avec de grands cris d'allégresse, aux environs d'un temple, où sur la tour la plus élevée, on brûla, selon leur coutume, une quantité énorme de parfums en reconnaissance de la victoire.

Nous perdîmes en cette occasion 1,040 hommes tués ou prisonniers, dont plus de 35 Espagnols, une petite pièce de campagne, beaucoup de fusils et d'autres armes ; je fus blessé à la cuisse ; plus de 20 Espagnols et de 500 Indiens le furent plus ou moins dangereusement.

Après cet avantage, les assiégés entreprirent de suspendre l'ardeur des deux généraux, et d'intimider leurs troupes par le spectacle le plus effrayant ; ils firent monter leurs prisonniers, et ils élevèrent les morts au haut d'une tour, où ils les dépouillèrent, leur ouvrirent la poitrine, leur arrachèrent le cœur, et les sacrifièrent à la vue des soldats qui combattaient, et qui ne purent douter, par la blancheur des corps nus, de l'espèce des victimes. L'horreur d'une pareille monstruosité glaça d'effroi les cœurs les plus endurcis. Accablés de tristesse, les généraux ordonnèrent la retraite, quoiqu'ils eussent combattu avec avantage tout le jour, et qu'ils eussent pénétré presque à la grande place, que nous eussions certainement emportée, si Dieu, pour nous punir de nos péchés, n'eût voulu nous donner cette humiliation.

Nous arrivâmes au quartier beaucoup plus tôt que les jours précédents, et plongés tous dans la tristesse la plus morne : pour surcroît de chagrin, on vint nous dire que nos brigantins étaient coulés à fond ou pris, parce qu'ils avaient été entourés par un nombre prodigieux de canots de la ville, qui leur avaient fait un mauvais parti ; mais ils s'étaient tirés du péril évident où ils s'étaient engagés, en perdant le capitaine d'un brigantin, qui mourut de ses blessures huit jours après.

Tandis que nous nous remettions un peu du désordre de notre retraite, que nous prenions du repos, qu'on pansait les blessés, et que nous réparions, autant qu'il nous était possible, la perte de nos armes, les ennemis se livrèrent à toutes espèces de réjouissances : les timbales, les trompettes, les tambours et leurs cris effrayants ébranlèrent, pour ainsi dire, par le bruit, la surface du continent ;

ils ne perdirent pas un instant néanmoins pour nettoyer les canaux, les fossés, pour pratiquer de nouveaux retranchements et pour rétablir les choses dans l'état au moins où elles étaient avant les assauts. Ils allumèrent ensuite des feux, et vinrent placer des sentinelles et des vedettes jusqu'à deux portées de fusil de mes postes avancés.

Nos ennemis ne perdirent pas un instant pour répandre parmi les alliés le bruit de leur victoire : ils envoyèrent partout, avec des têtes espagnoles, ou des têtes de chevaux, des députés qui vantèrent beaucoup leurs succès ; qui firent croire que dans peu nous serions tous exterminés, et qui engagèrent les différents peuples, ou à ne point se soumettre, ou à se révolter, ou à leur envoyer du secours. Pour dérober pendant ce temps la connaissance de notre faiblesse aux assiégés, il y avait tous les jours de petits combats, n'aboutissant qu'à la prise de quelques premiers postes ou de quelques ponts, que les assiégés réparaient pendant la nuit.

Dans ces tristes circonstances, Cortès se vit encore contraint d'envoyer au secours des Indiens de Quernavaca un détachement qui, heureusement, revint bientôt vainqueur. Une autre expédition fut aussi dirigée contre les Oturniens par Sandoval qui les battit et leur enleva une grande quantité de maïs et d'enfants tout rôtis que ces barbares n'avaient pu emporter dans leur fuite.

Pendant l'expédition de Matalcingo, les Mexicains résolurent de faire de nuit une sortie du côté d'Alvarado. Ils arrivèrent à son quartier à la pointe du jour : les sentinelles crièrent aux armes, et la cavalerie la plus proche monta sur-le-champ à cheval et vint à la rencontre des Mexicains, qui se jetèrent dans l'eau à son aspect ; elle fut bientôt secondée par le reste de nos troupes, qui combattit pendant trois heures. Le bruit d'une pièce de campagne, qui fit de grands ravages dans la colonne ennemie, nous avertit de secourir Alvarado ; je ne connus point de moyen plus prompt que d'opérer une diversion ; je marchai droit à Mexico, où la vivacité de mes attaques, jointe à la résistance des troupes d'Alvarado, déconcertèrent bientôt la hardiesse et les entreprises des Mexicains ; ils rentrèrent dans la ville, où nous les combattîmes tout le jour.

Les blessés de notre dernière défaite étaient déjà guéris. Un vaisseau de Ponce de Léon, maltraité à la Floride, avait relâché à Villa-Ricca, et m'avait fait un envoi considérable et bien important pour moi, de poudre et d'arbalètes, dont j'avais un besoin pressant. Nous étions maîtres des environs : les assiégés n'avaient de ressource que dans leur opiniâtreté, les vivres et même l'eau leur manquaient : je ne pouvais me déterminer ni à détruire cette capitale, ni à les exterminer ; je voulais cependant mettre fin à un siège qui durait depuis 45 jours. Irrésolu et perplexe, réfléchissant que les ennemis ne répondaient à toutes mes observations sur leurs malheurs que par une obstination invincible, une nouvelle audace, une résistance toujours plus vive et par des ruses de guerre que leur expérience journalière leur indiquait, je me déterminai à employer un moyen qui servait à la fois à notre plus grande sûreté et à resserrer de plus en plus les assiégés : ce moyen fut de raser toute espèce de bâtiment, à mesure que nous avancerions dans Mexico, et de nous servir des matériaux pour combler dorénavant les fossés, les canaux et les retranchements, tel retard que pût apporter dans nos opérations cette manière de procéder. Je fis donc appeler tous les chefs alliés, pour leur faire part de cette résolution ; je leur ordonnai de commander, chacun dans son district, le plus de travailleurs qu'ils pourraient, avec des outils propres à remplir mon objet : tous applaudirent à mes desseins et promirent d'obéir, leur plus vif désir étant la ruine complète de Mexico.

Trois ou quatre jours se passèrent en préparatifs ; les assiégés imaginèrent bien que nous méditions quelques projets ; mais ils mirent tout en œuvre pour leur défense et employèrent bien les instants. Après avoir déterminé le plan d'une attaque par terre et par eau, nous entrâmes dans la ville ; mais à peine fûmes-nous aperçus des Mexicains, qu'ils nous prièrent de suspendre l'attaque, sous prétexte de nouvelles propositions de paix : j'arrêtai les troupes, et je dis aux Mexicains de faire venir leur chef pour m'aboucher avec lui. Ils m'amusèrent en me répondant qu'on était allé le chercher, car je perdis plus d'une heure et personne ne vint ; ils pensaient si peu à la paix, qu'au moment où nous nous y attendions le moins, ils nous lancèrent une grêle de flèches, de javelots et de pierres. A l'instant j'ordonnai l'attaque, et nous leur emportâmes leur premier retranchement : en entrant dans la place, nous la trouvâmes parsemée de grosses pierres placées pour empêcher les mouvements de la cavalerie, qui dans le fond déterminait toujour le succès de la guerre ; nous trouvâmes l'entrée d'une rue masquée avec des pierres énormes, et toute la longueur d'une autre parsemée comme la place ; et dans le même point de vue, nous nous servîmes utilement de tous ces matériaux, pour combler un canal qui commençait à la place, et que les Mexicains ne purent plus rouvrir : nous continuâmes peu à peu à raser les maisons à mesure que nous avancions, et nous remplissions bien exactement tous les canaux. La besogne fut ce jour là assez considérable parce qu'il y avait au moins 150,000 acteurs. Nous rentrâmes le soir dans notre quartier, ainsi que les brigantins, qui, de leur côté, avaient fait de grands ravages dans la ville.

Le lendemain nous rentrâmes dans la ville de grand matin et dans le même ordre que la veille. Nous nous avançâmes jusqu'à l'enceinte du grand temple : là j'ordonnai aux capitaines de faire combler les canaux et de faire aplanir tous les mauvais pas dont nous nous étions rendus maîtres ; de détruire et de réduire en cendres tous les édifices dont on s'emparerait, tandis qu'une autre portion des troupes irait occuper l'ennemi, en l'attaquant dans les points ordinaires ; j'ordonnai en même temps à la cavalerie de rester derrière, pour soutenir et protéger au besoin les travailleurs et les combattants. Je montai sur une tour élevée, afin 1° d'être aperçu des assiégés qui me connaissaient bien et qui étaient bien fâchés de m'y voir ; et 2° d'animer mes troupes et de les faire secourir, quand il le faudrait. Indiens et Mexicains combattaient avec un avantage assez égal ; mais quand les premiers reculaient, j'ordonnais à quelques cavaliers d'avancer ; sur-le-champ nos alliés reprenaient courage, rechargeaient l'ennemi et le contraignaient à leur céder du terrain. Nous continuâmes la même manœuvre pendant 5 ou 6 jours de suite. Dans la retraite du soir, les alliés marchaient les premiers ; nous tendions, soit avec de la cavalerie, soit avec de l'infanterie espagnole, quelques embuscades à nos ennemis ; nous dégoûtions presque toujours les assiégés de nous poursuivre, et souvent nous leur faisions perdre beaucoup de monde, surtout quand ils sortaient de la ville, et qu'ils n'étaient plus à l'abri des coups de lances de la cavalerie. Mais quand ils combattaient sur des terrasses, sur des parapets, ou quand ils ne poursuivaient pas avec imprudence, ils incommodaient la cavalerie, et souvent blessaient des chevaux. Nous en eûmes deux de blessés dans cette dernière occasion. Je méditai dès lors, pour m'en venger, le plan d'une embuscade, dont je vais rendre compte à Votre Majesté. Les Mexicains croyaient toujours que la crainte était le motif de notre retraite. En arrivant ce jour-là au quartier, j'envoyai l'ordre à Sandoval de venir me joindre le lendemain avant le jour, avec 15 cavaliers, pris dans son détachement ou dans celui d'Alvarado.

A l'arrivée de Sandoval, je me trouvai avoir 40 cavaliers ; j'en envoyai 10 avec l'infanterie pour attaquer les assiégés par la méthode ordinaire, tandis que les brigantins agissaient de leur côté. Tous avaient ordre de resserrer l'ennemi le plus possible, puisque jusque-là, nous avions surmonté et aplani tous les obstacles, et de s'arrêter néanmoins jusqu'à l'heure de la retraite, si par hasard on parvenait à chasser l'ennemi derrière ses canaux et ses derniers retranchements. Mes instructions furent suivies au pied de la lettre. Je partis pour Mexico à une heure après midi, à la tête de mes 30 cavaliers, et sans qu'on s'aperçût de ma marche, parce qu'on était aux prises ; j'arrivai et je plaçai mes cavaliers dans plusieurs grandes maisons. Je montai, comme j'avais coutume de le faire, à la tour. Tandis que j'y étais, les Espagnols trouvèrent un trésor de 30 marcs d'or au moins. Je donnai le signal convenu à l'heure de la retraite, j'ordonnai qu'elle se fît en bon ordre, et que quand le gros de l'armée serait hors de la place, la cavalerie fît semblant de vouloir attaquer l'ennemi, en feignant toutefois de le craindre et de l'éviter, quand il était nombreux.

Les cavaliers postés en embuscade désiraient bien ardemment voir arriver le moment d'en sortir : ils se lassaient d'attendre et brûlaient du désir de bien faire leur devoir. J'allai les joindre au moment où la cavalerie et l'infanterie espagnole et alliée faisaient leur retraite : les ennemis les poursuivaient en poussant tous les cris de la victoire. De temps à autre les 10 cavaliers faisaient volte-face, tâchaient de contenir l'ennemi, et se retiraient ensuite comme si cela leur eût été impossible. Après avoir répété plusieurs fois cette manœuvre, les Mexicains étaient si acharnés qu'ils s'attachaient jusqu'à la croupe des chevaux pour poursuivre les Espagnols avec plus de célérité. Quand ils furent parvenus au terme convenu, nous entendîmes le coup de fusil qui devait servir de signal, et au mot du jour qui était Saint-Jacques, nous chargeâmes de toute part l'ennemi avec tant de promptitude et de valeur, que sans lui laisser le temps de se reconnaître, nous perçâmes ses colonnes à coups de lances, nous fîmes un grand nombre de prisonniers, et nous étendîmes sur le carreau plus de 500 Mexicains d'entre les plus hardis et les plus braves. Nos alliés eurent grandement de quoi se régaler ce jour-là ; car ils emportèrent tous les morts. La surprise et l'épouvante glacèrent le cœur et la langue de nos ennemis ; nous n'entendîmes pas un cri de la soirée, aucun ne s'exposa à notre vue, sans être bien en sûreté et à l'abri de tout danger. Aux approches de la nuit, ils envoyèrent quelques esclaves pour s'assurer de notre retraite; mais ils furent aperçus par 10 ou 12 cavaliers qui n'en laissèrent pas échapper un seul.

Cet échec inspira aux Mexicains tant de méfiance et de circonspection, que pendant tout le reste du siège ils n'osèrent jamais s'avancer jusqu'à la place au moment de notre retraite; ils craignaient à chaque pas de voir sortir de terre une embuscade; cette dernière défaite et le grand avantage qui en résulta, hâtèrent la prise de la place, en ce qu'elle découragea les assiégés, tandis qu'elle inspira aux assiégeants cette augmentation de courage qui naît des succès. Nous rentrâmes ce jour-là dans notre quartier, avec la ferme résolution de hâter les événements du siège et de ne point passer de jour sans livrer de nouveaux assauts. Nous n'éprouvâmes d'autre perte le jour de ce grand succès que celle qui provint du choc de deux cavaliers, par lequel l'un d'eux ayant été jeté par terre, abandonna son cheval, qui courant ventre à terre droit à l'ennemi, fut blessé mortellement à coups de flèches; d'ailleurs les brigantins de leur côté firent de grands ravages, sans éprouver le moindre échec.

Nous ne tardâmes pas à reconnaître que les Mexicains étaient remplis de frayeur, deux d'entre eux sortirent de Mexico pendant la nuit et nous apprirent que leurs compatriotes étaient réduits aux dernières extrémités; qu'ils allaient de nuit pêcher partout où ils pouvaient, et cherchaient avec grand soin les racines, les herbes et même du bois pour manger. Sûr de tous les passages, et certain que toutes les difficultés, pour arriver à Mexico n'existaient plus, je formai le projet d'aller les attaquer à la pointe du jour afin de leur faire tout le mal possible. Les brigantins levèrent l'ancre avant le jour; je détachai quelques espions d'abord, et je partis peu après, à la tête de 15 cavaliers et de 2 gros détachements d'infanterie espagnole et alliée. Dès que les espions nous eurent fait le signal convenu, nous sortîmes d'une espèce d'embuscade et nous tombâmes sur une prodigieuse quantité de Mexicains. Comme c'étaient les plus misérables d'entre eux qui venaient chercher leur subsistance, ils étaient la plupart sans armes et suivis d'un grand nombre de femmes et d'enfants. Il périt plus de 800 personnes dans le combat, sans compter les ravages des brigantins qui, de leur côté, firent périr bien du monde dans les canots qui allaient à la pêche. Les assiégés furent si épouvantés de se voir attaqués si matin qu'il ne s'en montra aucun pour combattre. Nous rentrâmes dans notre quartier à l'ordinaire, amenant beaucoup de prisonniers, et les Indiens nos alliés ayant enlevé la plupart des morts pour leur usage.

Les trois jours suivants la lutte continua, les Espagnols gagnant toujours du terrain.

Nous nous disposions vers les 9 heures du matin à rentrer dans Mexico, lorsque nous aperçûmes une grande fumée sur les deux tours de la place du grand marché. Son volume m'empêcha de croire qu'elle provînt des parfums offerts aux dieux dans le temple; j'imaginai, malgré les apparences, que les troupes d'Alvarado, par une circonstance extraordinaire, avaient enlevé ce poste important : effectivement, à force d'activité, de valeur et d'émulation, elles avaient emporté tous les postes, les canaux et les retranchements qui les séparaient du grand marché. Resserrant de près, à notre exemple, les Mexicains, elles voulurent leur enlever la place de vive force; mais elles ne purent qu'en approcher, et s'emparer de plusieurs tours, à deux desquelles elles mirent le feu; après quoi elles firent leur retraite, que la cavalerie protégea avec perte de trois chevaux. De notre côté, nous ne fîmes dans la même journée qu'aplanir le terrain de nos dernières conquêtes et travailler de manière à pouvoir avancer et manœuvrer sûrement; nous fûmes poursuivis dans notre retraite, mais il en coûta cher à l'ennemi.

Nous attaquâmes le lendemain de grand matin et de bonne grâce le canal et le retranchement qui nous séparaient du grand marché; un enseigne, suivi de plusieurs Espagnols, se jeta à l'eau et joignit l'ennemi corps à corps : l'audace de cet officier et l'intrépidité de son détachement forcèrent l'ennemi à nous abandonner ce poste, auquel je fis travailler avec la plus grande diligence, pour le mettre de niveau au reste et pour faciliter les manœuvres de la cavalerie.

Nous étions occupés à cette opération, quand nous aperçûmes d'Alvarado qui s'avançait dans la même rue, avec 4 cavaliers. La communication ouverte par cette jonction nous causa aux uns et aux autres une joie inexprimable, parce que chacun entrevit d'un coup d'œil le terme de nos travaux. Dès que tout fut en bon état de mon côté, je défendis aux troupes d'avancer ; et avec quelques cavaliers, nous allâmes reconnaître la place du marché : après l'avoir parcourue et en avoir examiné les beautés, les bâtiments, les portiques, sous les yeux des assiégés retirés sur les terrasses, sans oser descendre dans la place, par la crainte que leur inspirait la cavalerie, je montai sur la tour la plus élevée du marché, je la trouvai, comme toutes les autres, ornée de têtes de morts, des ennemis de l'empire mexicain et de celles de quelques Espagnols, et je considérai d'en haut la portion de la ville dont nous nous étions emparés, et celle qui nous restait à prendre ; je calculai qu'il en restait au plus un huitième ; ne croyant pas qu'un aussi grand nombre d'ennemis pût résister dans un espace aussi étroit, dans des maisons bâties sur pilotis dans l'eau et aussi peu élevées, remarquant par les racines et par les écorces d'arbres rongées dans les rues les extrémités où les Mexicains étaient réduits, je me décidai à suspendre pendant quelques jours toute espèce d'attaque, pour les engager à prendre un parti raisonnable, et pour m'ôter la douleur de faire périr des milliers d'hommes auxquels je voulais sincèrement donner la paix, que je leur faisais proposer continuellement ; mais ils refusèrent toujours de se rendre. Ils me faisaient dire que le dernier des Mexicains préférerait la mort à la honte ; qu'ils réduiraient en cendres tout ce qu'ils possédaient pour nous en priver, ou le jetteraient dans l'eau, de manière à ne pouvoir jamais l'en tirer. J'endurais ces propos plutôt que de rendre le mal pour le mal.

Le peu de poudre dont nous étions munis, nous détermina à construire une espèce de catapulte, quoique nous n'eussions aucun ouvrier capable de diriger l'ouvrage ; on la porta dans la place de Mexico et on éleva au milieu de la place un échafaud pour la placer et la faire agir ; mais faute de principes, on ne put jamais la rendre utile qu'à jeter l'épouvante parmi les ennemis, auxquels les alliés criaient sans cesse que nous allions les réduire en poudre. Les Mexicains, quoique intimidés, ne firent aucune proposition, et nous cachâmes notre ignorance sous une fausse lueur de commisération pour les assiégés.

Nous retournâmes, après cette belle expédition, dans notre quartier, et nous revînmes le lendemain : comme il n'y avait pas eu d'hostilités depuis quatre jours, nous trouvâmes les rues pleines de femmes, d'enfants et de malheureux dans un état de maigreur épouvantable. J'empêchai de leur faire du mal. Il ne paraissait aucun Mexicain nulle part où il y eût du danger : nous les apercevions sur leurs terrasses, couverts de leur manteau et sans armes; je leur fis proposer la paix ; mais ils ne répondirent qu'artificieusement à mes propositions. Je leur envoyai dire de faire rentrer les malheureux épars dans les rues, parce que je voulais combattre ; ils tâchèrent de m'amuser, quoiqu'ils fussent tous prêts à la lutte. Pour les resserrer davantage, j'ordonnai à d'Alvarado de donner avec tout son monde l'assaut à un quartier composé de plus de dix mille maisons, tandis que je tâcherais de pénétrer par le côté opposé, à pied et à la tête de mon infanterie, puisque la cavalerie ne pouvait manœuvrer dans un terrain aussi inégal : l'attaque et la résistance furent très vigoureuses; le poste fut enfin emporté, et les ennemis perdirent dans cette occasion plus de 12,000 hommes, tant tués que blessés ou prisonniers, que nos alliés maltraitaient horriblement, tel exemple d'humanité que nous leur donnassions, tels efforts que nous fissions pour les empêcher.

Le lendemain, je m'opposai au combat et je déployai toutes mes forces à leurs yeux, pour les contraindre à réfléchir. Peut-être, me disais-je, pourrais-je leur conserver la vie, s'ils réfléchissent sur le nombre incalculable de leurs ennemis, sur la conduite de leurs anciens alliés ou vassaux, déterminés à la leur arracher ; en voyant qu'ils n'avaient plus à marcher que sur des corps morts ou sur des tas de mourants ; en calculant le poids accablant de leurs malheurs, l'horreur de leur destinée à venir, et en reconnaissant que la compassion pouvait seule m'empêcher d'achever leur destruction. Je m'applaudis un instant de ma conduite, car les assiégés prièrent les Espagnols de me faire venir : ceux-ci, pénétrés de commisération, remplis du désir de sortir des horreurs et de terminer la guerre, croyant que les Mexicains voulaient la paix, accoururent, pleins de joie, et me prièrent de me transporter vis-à-vis d'un retranchement qu'ils m'indiquèrent pour entrer en pourparlers. Convaincu d'avance du peu de succès de ma démarche, parce que j'étais informé de l'opiniâtreté et des résolutions du chef et de son conseil, je ne laissai pas néanmoins de me rendre au lieu indiqué ; j'y trouvai des assiégés, qui me comparèrent au soleil, ou qui me regardèrent comme son fils, et qui me demandèrent fièrement, pourquoi, semblable à mon père, qui faisait le tour du monde en 24 heures, j'en mettais davantage à les exterminer, à satisfaire le vif désir qu'ils avaient de mourir et de rejoindre le dieu du repos Orchilobus, objet primordial de leur culte. Je leur répondis de mon mieux, pour les déterminer à se rendre ; mais rien ne me réussit : un vainqueur ne pouvait cependant les traiter avec plus d'humanité.

Les ennemis étaient réduits aux dernières extrémités ; désirant soustraire à la mort un nombre prodigieux d'opiniâtres, je proposai à l'un des principaux Mexicains, du nombre de nos prisonniers, quoiqu'il ne fût pas encore guéri de ses blessures, d'être le porteur des propositions de la paix que je voulais faire à Guatimotzin ; il accepta la commission ; je l'envoyai le lendemain avec quelques Espagnols, qui le remirent entre les mains des assiégés, après l'avoir parfaitement instruit de tout ce qu'il avait à dire et à faire : les assiégés reçurent le Mexicain avec beaucoup d'égards et de respect, et le conduisirent sur-le-champ à Guatimotzin, leur cacique. A peine ce député respectable eut-il ouvert la bouche pour parler de paix, que Guatimotzin le fit massacrer : tous les Mexicains vinrent à nous ensuite, en poussant les plus grands cris et en nous disant qu'ils ne voulaient tous que la mort ; ils nous accablèrent à l'instant d'une grêle de flèches, de javelots et de pierres, nous attaquèrent avec la plus grande impétuosité et nous tuèrent, d'un coup de dague, un cheval qui leur coûta bien cher, car nous en fîmes une boucherie effroyable avant de rentrer dans nos quartiers.

Le lendemain, nous retournâmes dans la ville, où la plus grande partie de nos alliés ne faisaient plus difficulté de passer la nuit, à cause de la faiblesse et du découragement de nos ennemis. Je ne voulus point qu'on les attaquât, parce que j'espérais de moment en moment recevoir leur soumission ; pour les y exciter, je m'avançai à cheval près d'un retranchement, pour parler à quelques-uns des principaux Mexicains, qui étaient derrière et que je connaissais : je leur fis observer que la compassion seule me retenait ; qu'ils ne pouvaient point se dissimuler l'évidence de leur perte, et qu'au moindre signal donné, il n'en resterait pas un seul dans une heure, si je leur voulais du mal, et si je n'avais pas envie de bien traiter Guatimotzin, s'il voulait s'aboucher avec moi. Je leur arrachai des larmes par la force de mes expressions. Ils me répondirent qu'ils reconnaissaient bien leur erreur, et la certitude de leur perte ; qu'ils iraient faire de nouvelles supplications à leur seigneur, si je voulais les attendre, et qu'ils me rapporteraient sa réponse : ils partirent sur-le-champ, et ne tardèrent point à revenir pour m'observer qu'il était trop tard aujourd'hui pour entamer une conférence ; mais que le lendemain matin, Guatimotzin se rendrait dans le marché, afin d'entrer en négociation. Je fis dresser une estrade, suivant la coutume des Indiens, pour le prince et pour les principaux habitants, et je leur fis préparer à dîner.

Nous entrâmes le lendemain dans la ville avec la plus grande circonspection pour éviter toute surprise. Je suggérai la même prudence à d'Alvarado. Parvenu à la place du grand marché, je fis prévenir Guatimotzin, que je l'attendais : il ne jugea pas à propos de venir en personne, mais il m'envoya cinq députés, qui le disculpèrent de ce qu'il ne venait point lui-même, sur la crainte que lui inspirait ma présence, sur l'état actuel de sa santé, et qui prétendirent venir de sa part pour prendre mes ordres et les mettre à exécution.

J'aurais préféré la présence de Guatimotzin à celle de ces cinq députés qui me fit cependant plaisir, puisqu'elle me donnait un moyen certain de terminer promptement ; je les reçus d'un air libre, franc et gai ; je leur fis donner à boire et à manger, et leur manière de s'acquitter de ces fonctions, prouvait le besoin qu'ils avaient de cette réparation ; je les engageai ensuite à raconter à leur maître ma réception de manière à le rassurer sur ses craintes, et à lui prouver qu'il ne lui serait fait aucune insulte ; je leur donnai ma parole de ne point le retenir s'il adhérait à la nécessité de venir en personne prendre définitivement avec moi de justes mesures de conciliation. Je leur fis distribuer, avant le retour, des rafraîchissements pour leur maître, et ils partirent en me promettant de tout faire pour le succès de leur négociation.

Ils revinrent au bout de deux heures avec un présent de trois belles pièces de coton à leur usage ; mais en me les présentant, ils m'annoncèrent la résistance de Guatimotzin, son refus de se rendre auprès de moi, l'inutilité d'insister davantage sur cet article. Je leur représentai combien son refus était déplacé et combien peu il y avait de raison à différer une entrevue qui aplanirait toutes les difficultés, surtout en réfléchissant au traitement que je leur faisais et à la liberté dont il jouissaient, eux les instigateurs de la guerre ; je les priai de solliciter de nouveau cette entrevue, de l'engager à faire attention aux avantages multipliés et personnels qu'il pourrait en tirer : ils promirent de remplir cette commission et d'en apporter la réponse le lendemain. Ils repartirent, et nous entrâmes dans nos quartiers.

Le lendemain, de grand matin, les cinq députés arrivèrent au quartier général, me prier de me rendre au marché de la ville, où Guatimotzin désirait me parler : les croyant de bonne foi, je montai à cheval, nous prîmes le chemin de la place, où j'attendis en vain ce cacique pendant trois ou quatre heures ; mais le jour avançant, et ne voyant paraître ni députés ni cacique, je fis avertir les Indiens mes alliés, laissés à l'entrée de la ville, environ à une lieue de l'endroit où l'entrevue devait se faire, car nous étions convenus, pour préliminaire du traité, que pendant la négociation, il n'entrerait aucun Indien dans la place.

Les alliés de ma division et ceux de celle d'Alvarado, se rendirent promptement à mes ordres. Dès que nous fûmes rassemblés, nous attaquâmes les retranchements et les canaux dont les ennemis restaient les maîtres, nous nous emparâmes de ces postes avec d'autant plus de facilité, qu'avant de sortir de nos quartiers, j'avais ordonné à Sandoval d'attaquer les Mexicains à revers avec les brigantins, dans l'instant même où nous commencerions à agir et de fermer tout passage pour la retraite à nos ennemis, qui, par cette manœuvre, se trouvaient resserrés et très pressés de toutes parts; nous les réduisîmes à n'avoir plus d'abri que derrière les cadavres de leur concitoyens, et sur quelques terrasses où ils manquèrent bientôt de flèches, de javelots et de pierres, pour retarder l'impétuosité de nos attaques. Armés d'épées et de boucliers, les Indiens nos amis, firent un si grand carnage des Mexicains, tant sur terre que sur l'eau, qu'il y en eût plus de 40,000 tués ou faits prisonniers; ce jour-là les cris aigus des femmes et des enfants se faisaient entendre au loin de manière à briser de douleur les cœurs les plus féroces; nous étions plus occupés à mettre un frein à la cruauté de nos Indiens, qu'à combattre nos ennemis : tout ce que la nature la plus dépravée peut comprendre d'horreurs, ne décrirait point les effets de la barbarie de ces nations américaines. Nos alliés firent dans cette journée un carnage affreux et un butin considérable, nous ne pûmes empêcher ni le massacre, ni le pillage ; car à peine étions-nous 900 Espagnols contre 150,000 Indiens : j'avais prévu d'avance tout ce qui arriva, et l'inutilité de nos efforts pour l'empêcher. J'avais retardé l'assaut, ne craignant rien tant que de prendre la place de vive force, parce qu'indépendamment du sang répandu, j'étais certain que toutes les richesses de Mexico seraient englouties dans les eaux ou envahies par les Indiens ; et qu'il s'en faudrait de beaucoup que Votre Majesté y recouvrît une portion considérable des richesses que j'y avais accumulées pour elle dans mon premier séjour. Je fis battre la retraite pour retourner dans nos quartiers, à cause de la chute du jour, et pour retirer les troupes de l'odeur pestiférée et fétide de la corruption des cadavres.

J'ordonnai pour le lendemain de monter trois grosses pièces de canon sur des affûts : la multitude des assiégés était si considérable et tellement resserrée, que je craignais, en les attaquant l'épée à la main, que le vainqueur et le vaincu ne s'étouffassent réciproquement dans la mêlée. Mon intention était de pointer sur cette multitude, de l'éparpiller, et de la contraindre, par l'effet du canon, à venir à nous. J'ordonnai en même temps à Sandoval de foncer avec les brigantins dans la partie du lac et des canaux profonds où étaient réunis tous les canots de la ville, et où étaient réfugiés, à défaut de maisons, les principaux habitants et Guatimotzin lui-même.

Le lendemain, à la pointe du jour, je conduisis mon canon et mes troupes devant la place : j'avais ordonné la veille à d'Alvarado de m'attendre dans le marché, et de ne point engager le combat avant mon arrivée. Lorsque nous fûmes tous à nos postes, et que les brigantins furent rendus à leur destination, nous attaquâmes tous à la fois au bruit du signal convenu d'un coup de canon : nous avions pour objet principal, non seulement d'enlever la place de vive force, mais encore de ne point laisser échapper Guatimotzin, et de le prendre en vie, pour finir, par cette action glorieuse, la campagne et la guerre. Un peu avant le combat, je montai sur une terrasse d'où je parlai à quelques Mexicains de distinction que j'avais connus autrefois. Je leur dis tout ce que les circonstances me dictaient, pour les engager à prévenir le prochain danger qui les menaçait : deux de ces principaux habitants voulurent bien être les porteurs de mes paroles ; ils revinrent un instant après avec un nommé Guacoacin leur gouverneur, leur capitaine général et le chef de toutes les opérations de la guerre. Je lui donnai des marques de bonté et d'indulgence ; je fis tout pour diminuer ses sentiments de crainte et lui inspirer de la confiance. Il m'assura que Guatimotzin préférait la mort à la honte de paraître devant moi, qu'il en était au désespoir, et que j'étais le maître de faire tout ce que je voudrais.

Le trouvant aussi inflexible et aussi immuable dans ses résolutions, je lui dis qu'il pouvait retourner vers ses troupes et les préparer au combat que j'allais leur livrer, pour achever de les exterminer. Guacoacin s'en retourna après une conférence inutile de cinq heures.

Les assiégés étaient cependant réduits aux dernières extrémités. Il serait impossible, à l'imagination la plus fertile, de se représenter leur cruelle position : les uns rangés derrière des monceaux de morts de mourants ; d'autres distribués dans des canots ; des femmes et des enfants qui, par leur précipitation à se jeter sur nous, se renversaient les uns sur les autres ou se noyaient. L'infection des cadavres, les effets de l'eau salée, toutes les horreurs de la famine et du besoin en tous genres, avaient causé une mortalité énorme dans la ville : il y avait péri plus de 50,000 hommes, dont ils n'avaient osé jeter les cadavres dans le lac, à cause des brigantins, et qu'ils n'avaient pu transporter hors de l'enceinte, de peur de montrer leur faiblesse et leurs malheurs ; ils avaient amoncelé ces morts dans des rues particulières qui en étaient jonchées, de manière qu'il était impossible d'y mettre le pied à terre.

Je pris la précaution, avant de donner l'assaut,

de placer des Espagnols à l'entrée de toutes les rues pour empêcher le carnage et le pillage autant que faire se pourrait ; mais, malgré la précision et l'exécution de mes ordres, la multitude des assiégés était si prodigieuse que je ne pus pas empêcher qu'il n'y en eût au moins 15,000 de tués.

Les principaux habitants et les gens de guerre de la place se retirèrent sur les canots où ils combattirent de leur mieux ; mais voyant que le jour s'avançait à grands pas, et qu'ils ne voulaient pas se rendre, je fis avancer du canon ; ayant calculé d'avance que tout meurtrier qu'il soit, il ne leur ferait pas autant de mal que l'assaut des Indiens, j'essayai de ce moyen pour les attirer à composition.

Mais comme rien ne fut capable de les décider à se rendre, je donnai le signal de l'assaut ; il fut entendu de toutes parts en même temps : une partie des Mexicains se précipita dans le lac, et l'autre se rendit sans combattre. Les brigantins pénétrèrent de leur côté dans les canaux de l'intérieur, et s'ouvrirent un passage au milieu de cette flotte de canots qui n'eut pas la force de se défendre. Dieu permit que le capitaine d'un brigantin, Garci-Holquin, poursuivit un canot où il crut distinguer quelques personnages importants : deux ou trois arbalétriers, de la proue du brigantin, couchaient en joue plusieurs Mexicains dans ce canot, quand on leur fit signe de ne point tirer, parce qu'il portait l'empereur. Ces arbalétriers sautèrent à l'instant dans le canot et firent prisonniers Guatimotzin, le cacique de Tacuba et plusieurs grands qui les accompagnaient. Garci-Holquin amena aussitôt ses illustres prisonniers sur la terrasse où j'étais ; je leur fis bon accueil, et leur proposai de s'asseoir. Guatimotzin s'approcha de moi et, après m'avoir observé *qu'en roi, il avait défendu son peuple* jusqu'à la dernière extrémité, il me pria instamment, en son langage, et en portant la main sur mon poignard ; de lui ôter une vie désormais inutile. Je tâchai de le rassurer, de l'encourager et de bannir ses craintes ; je lui donnai même des espérances capables de l'attacher encore à la vie, sans pouvoir produire sur lui un grand effet. Sa prise termina enfin par la paix cette funeste guerre, le mardi 30 août 1521.

Ce siège, qui dura deux mois et demi, a dû offrir à Votre Majesté un journal assez intéressant de travaux, de dangers, de besoins, de malheurs de toute espèce : les officiers, les Espagnols, les Indiens mêmes multiplièrent à l'envi les preuves les plus signalées de courage, de constance, de sobriété, de résolution et d'obéissance ; ces preuves offriront à tous les siècles et à toutes les nations des modèles et des exemples aussi rares que précieux.

Chaque jour de ce siège fut remarquable par des actions de guerre plus ou moins considérables. Nous fîmes, le jour de l'assaut et de la prise de Guatimotzin, un butin immense avec lequel nous retournâmes dans nos quartiers pour rendre grâce au Dieu des armées des avantages signalés que nous ne devions qu'à lui seul.

Je restai, après la prise de Mexico, trois ou quatre jours dans nos mêmes quartiers, pour régler une quantité de choses importantes. Nous nous rendîmes ensuite à Cuyoacan, où je suis resté jusqu'à présent, pour établir la paix, le bon ordre et une nouvelle législation dans ce pays.

Après avoir examiné tous les objets du butin fait sur les Mexicains, nous en séparâmes l'or que nous nous déterminâmes à faire fondre d'un consentement unanime. Il s'en trouva 2,600 marcs, dont le quint fut exactement payé à votre trésorier ; on lui paya encore ce qui lui était dû pour les esclaves et les autres effets, selon l'état signé des principaux chefs de l'armée, état qui sera remis à Votre Majesté ainsi que le quint des bijoux payés en nature. Après avoir fait un choix de tout ce qui pourrait lui être agréable, les quatre autres cinquièmes furent partagés entre nous avec la plus scrupuleuse justice, selon le grade, la qualité et l'importance des services.

Nous trouvâmes, entre autres, dans la ville, beaucoup de boucliers d'or, de panaches de plumes et d'effets si précieux, qu'il est impossible de s'en former une idée juste d'après un simple récit ; j'observerai que nous ne voulûmes point de partage dans les objets qui nous parurent également précieux, rares et instructifs ; d'un commun accord nous avons pris le parti de les offrir à Votre Majesté et nous nous flattons qu'elle daignera les agréer (parce qu'ils viennent de nous), des mains des procureurs du conseil de la Nouvelle-Espagne, auxquels nous les avons confiés à cet effet.

La nouvelle de la prise de la fameuse capitale de l'empire, parvint bientôt dans les provinces éloignées. Le cacique de la province de Méchuacan située à plus de 60 lieues, frappé de la rapidité avec laquelle nous avions surmonté les obstacles qu'avait pu nous opposer cette forteresse, réputée inexpugnable par les efforts réunis de la nature et de l'art, cette grande ville, cette nombreuse population commandée par les chefs les plus aguerris, en conçut des sentiments de crainte si profonds, qu'il ne perdit pas un instant pour faire la soumission la plus étendue qu'on aurait pu lui dicter, par des députés qui vinrent offrir une obéissance sans bornes et se reconnaître vassaux, à telle condition qu'on voudrait leur imposer. Je les louai de leur démarche ; je leur promis de ne point leur faire la guerre, si leur dévouement était inébranlable. Je les traitai de mon mieux ; je leur fis quelques présents ; je les gardai avec moi plusieurs jours, j'eus grand soin de faire manœuvrer la cavalerie devant eux, pour qu'ils en prissent une grande idée et qu'ils la communiquassent à leurs compatriotes ; je tirai de ces députés des renseignements sur la mer du Sud, dont j'avais quelques notions ; j'appris qu'on pouvait y parvenir en traversant leur province et celle d'un cacique avec lequel ils étaient en guerre ; je leur proposai d'emmener avec eux deux Espagnols, et de leur faciliter les moyens de me mettre en état de vous rendre un compte détaillé de cette partie de l'Amérique. Ils me promirent leurs bons offices à tous égards, emmenèrent mes deux Espagnols, et s'en retournèrent dans la province de Méchuacan, fort contents de ma réception.

J'avais appris qu'en dirigeant des émissaires de plusieurs côtés, je parviendrais, en 12 ou 15 jours de marche au plus, dans différents points de la mer du Sud. J'en avais du moins conçu les plus grandes espérances ; et cette découverte me paraissait bien avantageuse à Votre Majesté parce que les plus habiles navigateurs avaient toujours annoncé des objets infiniment intéressants dans ces parages : des îles riches en or, en perles, en pierres précieuses et en épiceries, qui devaient d'ailleurs enrichir notre globe des connaissances les plus précieuses. Cosmographes, physiciens, naturalistes, navigateurs, tous étaient prophètes dans cette partie. Rempli de ces idées, désirant au delà de toute expression me signaler par un service aussi intéressant pour Votre Majesté, je fis partir quatre Espagnols avec différentes destinations ; je leur donnai les instructions les plus détaillées et des Indiens pour les accompagner et les guider. Ils avaient ordre de ne point s'arrêter sans être arrivés à la mer et sans en avoir pris la possession la plus authentique en votre nom. Deux de mes Espagnols remplirent exactement leur commission. Ils traversèrent, sans obstacle, 130 lieues de pays, arrivèrent à la mer, en prirent possession, et plantèrent des croix pour la signifier à toutes les nations. Ils revinrent ensuite avec une relation très détaillée de leur voyage et de leur découverte ; amenant avec eux quelques habitants des environs de cette mer et m'apportant plusieurs échantillons de mines d'or, que je vous envoie actuellement. Les deux autres Espagnols, avec les mêmes procédés, arrivèrent d'un autre côté de la mer du Sud ; après avoir parcouru 150 lieues, ils se conduisirent absolument comme les premiers, et amenèrent des habitants de la côte, que je renvoyai, ainsi que ceux dont j'ai parlé plus haut, après leur avoir fait le meilleur accueil, leur avoir offert des présents qui parurent leur plaire, et après avoir fait l'impossible pour leur donner une idée imposante de votre puissance.

Mexico pris, Cortès entreprit de châtier les provinces qui s'étaient soulevées contre lui lorsqu'il avait dû abandonner cette capitale ; puis il songea à la rebâtir.

Je distribuai le terrain entre tous les individus qui se présentèrent, et se firent inscrire pour y bâtir. Je fis faire l'élection des alcades et des régisseurs, à la méthode d'Espagne. Nous fixâmes notre séjour à Cuyoacan pendant la bâtisse, et depuis cinq mois qu'on y travaille, Mexico commence à prendre forme ; elle annonce déjà une belle ville ; elle acquerra de jour en jour des accroissements si considérables et des embellissements si multipliés, qu'elle ne tardera pas à recouvrer son ancienne splendeur et le premier rang parmi les villes de l'Amérique. Je prendrai toute espèce de précautions pour que les Espagnols y soient toujours les maîtres, et contiennent à jamais les naturels du pays.

J'étais à Tesaico, très occupé des préparatifs du siège de Mexico, et bien peu sur mes gardes contre la conspiration qui se tramait contre moi, lorsqu'un remords de conscience décida un des conjurés à me la révéler tout entière.

Un ami de Diego Velasquez, ayant projeté, aux dépens de ma vie, de le faire gouverneur général de la Nouvelle-Espagne, capitaine et alcade-major, et de se faire lui, alguazil-major, ameuta plusieurs mécontents, auxquels il promit des grades et des récompenses : ils devaient me poignarder, ainsi que mes zélés serviteurs, dans un lieu et à une heure désignés. Dieu permit que j'échappasse au plus grand danger que j'ai couru de ma vie, en me suscitant un libérateur, qui non seulement m'avertit, mais qui m'indiqua les mesures convenables pour arrêter cette conspiration qui ne tendait à rien moins qu'à faire égorger entre eux les Espagnols des différents partis, et à rendre le reste la proie des nations indiennes qui, en force, avaient fait des alliances avec nous, et qui, faibles, auraient été les premières à nous exterminer. Je fis à l'instant arrêter le principal conjuré qui avoua tout naturellement les détails de son projet, tel qu'on vient de le lire. Il indiqua où était chez lui la liste des conjurés, qu'on trouva effectivement sur un morceau de papier déchiré. D'après son aveu, les preuves acquises et l'instruction suffisante de son procès, Villafagna de Zamora fut condamné à mort et sur-le-champ exécuté. Je jugeai à propos de dissimuler avec les complices, vu leur nombre ; j'en agis politiquement avec eux, parce que l'offense m'était personnelle, et j'empêchai qu'on ne procédât à la rigueur : mes égards m'ont été peu utiles, ces partisans de Diego Velasquez m'ont suscité mille tracasseries, ont pratiqué sous main des intrigues, ont excité des troubles et des révoltes qui m'ont demandé plus d'attention et de méfiance que les manœuvres de l'ennemi. Dieu a toujours daigné tellement me préserver et me guider que sans recourir au châtiment, j'ai entretenu jusqu'à ce jour, parmi les Espagnols et nos alliés mêmes, la paix et la plus parfaite tranquillité ; mais à l'avenir, malheur à qui tombera dans de pareilles conspirations ! la justice exercera sur lui toutes ses rigueurs.

Je me décidai, dans nos premiers moments de repos, à faire prendre une connaissance plus particulière du volcan dont j'ai parlé dans ma première lettre, et dont il s'élevait continuellement en ligne droite une épaisse fumée. Le vulgaire regardait cette montagne comme très dangereuse. la tradition annonçait que tous ceux qui y montaient en mouraient. J'envoyai quelques Espagnols reconnaître le sommet de la montagne : comme il s'éleva alors une fumée si épaisse, qu'ils ne purent ni n'osèrent s'avancer jusqu'à l'endroit d'où s'élevait la fumée, j'y en ai fait monter d'autres depuis, à deux reprises ; ils se sont avancés jusqu'au gouffre d'où elle sort : le diamètre du gouffre leur parut de l'étendue de deux portées d'arbalète, et la circonférence d'environ trois quarts de lieue ; la profondeur en est incommensurable à la vue, ils trouvèrent aux environs du soufre que la fumée y dépose. Ils en étaient une fois fort près, lorsqu'ils entendirent un bruit si effrayant, qu'ils descendirent à toutes jambes : ils n'étaient pas à la moitié de la montagne, qu'ils se trouvèrent en grand péril par la quantité de pierres qui roulaient et que le volcan vomissait. Les Indiens furent stupéfaits de l'audace des Espagnols et de l'acte surprenant de bravoure qui les faisait approcher le volcan d'aussi près.

Je vous ai dit, Sire, que les Mexicains étaient infiniment plus ingénieux que les habitants de l'île ; qu'ils nous donnèrent toutes les preuves d'intelligence, d'esprit et de raison qu'on pouvait désirer dans un homme ordinaire médiocrement instruit.

Je crus donc qu'il était dangereux de les réduire à l'esclavage et à servir les Espagnols comme on le fait dans les îles. Je remarquai cependant que leurs services étaient nécessaires au soutien des conquérants et des colonies ; et, pour atteindre le vrai but, je crus devoir vous exposer combien il serait utile pour votre service d'assigner aux colons et aux militaires, pour assurer leur subsistance, des appointements prélevés sur les impôts perçus dans ce pays.

Mais la durée de la guerre nous ayant obligés à d'excessives dépenses, dont l'ensemble des impôts ne pouvait payer qu'une partie, les besoins urgents toujours renouvelés, sans être assouvis, les dettes contractées, les retards préjudiciables causés par notre éloignement de Votre Majesté et l'importunité continuelle des Espagnols, me disposèrent à accorder, jusqu'à nouvel ordre, à chaque Espagnol, selon son son grade et sa qualité, des caciques et des Indiens pour subvenir à ses besoins.

Ceux-ci nourrissent les Espagnols, qui, de leur côté, les protégent, c'est tout ce que nous avons pu imaginer de plus propre à la conservation des uns et des autres, dans la détresse où nous sommes des secours d'Europe. Je n'ai pas en cela suivi mon seul avis. J'ai assemblé et j'ai pris celui de tous les hommes capables de connaître dans ces contrées les droits de l'humanité, et les moyens les plus propres à rendre nos travaux utiles ; nous avons destiné pour composer vos domaines particuliers les meilleures provinces et les villes qui en étaient le plus à portée comme pourront vous en instruire plus particulièrement les procureurs de Votre Majesté. Je la supplie de nous répondre et de nous communiquer ses volontés et ses ordres, nous remplirons les uns et les autres avec la plus grande exactitude et le plus profond respect.

Dieu vous ait en sa sainte garde et donne à votre empire la population, la force, l'étendue, le commerce, les richesses et la splendeur que Votre Majesté désire. Tels sont, Sire, les vœux ardents d'un serviteur et d'un sujet, qui baise humblement vos augustes mains et vos pieds royaux.

Fernand Cortès.

De Cuyoacan, dans la Nouvelle-Espagne, le 15 mai 1522.

CHAPITRE IV

QUATRIÈME LETTRE

Cortès commence sa quatrième lettre par le récit de plusieurs petites expéditions. C'est d'abord celle de la province de Guazacalco, puis vient la compression de la révolte des provinces de Chimaclan, de Tabasco et de Quisaltepeque. Là ne devaient d'ailleurs pas se borner ses soucis, car les Espagnols eux-mêmes allaient les augmenter par leurs dissensions intestines et leurs complots. C'est ainsi que ceux de Ségura se révoltèrent et plusieurs d'entre eux condamnés à mort eurent leur peine commuée en celle du bannissement perpétuel. Nous allons voir maintenant quelles conséquences avait entraînées la présence de Tapia lors de son séjour sur la côte du Mexique.

Sur ces entrefaites, un très petit brigantin venant de Cuba arriva dans le port du Saint-Esprit. Il était monté par un capitaine nommé Jean Bono de Quejo, ayant déjà abordé à la Nouvelle-Espagne en qualité de contre-maître dans l'un des vaisseaux de la flotte de Narvaez. Selon ses dépêches, il venait sous les auspices de dom Juan de Fonseca, évêque de Burgos, pour trouver Christophe Tapia, que l'évêque avait fait nommer gouverneur du pays, et que Bono comptait bien fermement trouver en exercice.

L'évêque ayant les plus fortes raisons de croire que Tapia éprouverait la plus grande difficulté pour sa réception de gouverneur de la Nouvelle-Espagne, s'était déterminé à envoyer Bono à Cuba, pour conférer avec Diego Velasquez sur les moyens à prendre ; Bono exécuta d'abord cette commission, et s'embarqua ensuite pour la Nouvelle-Espagne sur un brigantin que Velasquez lui donna. Juan Bono était porteur de plus de cent lettres de la même teneur, signées de l'évêque, pour intriguer en faveur de Tapia. Il y en avait même dont l'inscription était en blanc, pour distribuer, en cas de besoin, aux personnes que Bono jugerait à propos de mettre dans les intérêts de Tapia. Le dire général de ces lettres était qu'on ne pouvait rien faire de plus agréable à Charles-Quint, et de plus important pour son service, que de recevoir Tapia pour gouverneur de la Nouvelle-Espagne. Il promettait de votre part, faveur et récompense signalée à quiconque entrerait dans ses vues. Il ajoutait à ses promesses beaucoup de propos séditieux qui ne pouvaient exciter que le trouble et le désordre. L'évêque m'écrivit à moi-même que je rendrais un grand service à Votre Majesté, ou du moins que je ne pouvais rien faire qui lui soit plus agréable, que d'obéir à Tapia ; et si au contraire je refusais de le reconnaître, il pouvait dès ce moment me regarder comme son plus mortel ennemi. L'arrivée de Bono causa une grande rumeur parmi mes Espagnols ; j'ignore à quel point le désordre aurait été porté, si je ne m'étais pas décidé à les instruire des motifs qui faisaient agir l'évêque. J'eus de la peine à les calmer : je leur fis voir combien peu ils devaient craindre les menaces de l'évêque ; l'avantage de Votre Majesté exigerait que l'évêque ni aucune de ses créatures ne s'introduisissent dans l'administration de votre empire d'outre-mer, parce qu'ils agiraient toujours en despotes, cacheraient toujours la véritable situation des Indiens, extorqueraient des grâces, que vous accorderiez sans pouvoir jamais en connaître les conséquences. Les intrigues des émissaires de l'évêque avaient révolté les Espagnols et les Indiens au point qu'ils voulaient ériger entre eux un conseil à l'instar de celui de Castille, pour vous informer directement de la vérité, puisque l'évêque de Burgos empêchait que leurs dépêches et leurs plaintes ne parvinssent au trône, parce qu'il avait en son pouvoir les emplois de la chambre de Séville ; qu'on y maltraitait leurs députés ; qu'on enlevait leurs lettres, leurs mémoires et leur argent ; qu'on empêchait qu'il ne leur passât des secours, des armes, des munitions, des navires, etc. ; mais ils changèrent de résolution, quand je leur eus parlé, quand je leur eus fait sentir clairement que Votre Majesté n'était nullement instruite de ce qui se passait ; et que quand elle le serait, ils seraient très certainement récompensés de leur service et qu'elle les comblerait des faveurs que méritent des vassaux loyaux et fidèles.

Les grâces accordées depuis ces murmures, ont commencé à les rassurer ; et l'importance de leurs services, est un témoignage sans réplique de leur fidélité. J'ose observer à Votre Majesté qu'ils sont tous aussi en droit que moi d'en obtenir des grâces ; leurs services parlent éloquemment en leur faveur. Comme je n'aurais pu rien faire pour la gloire de vos armes sans eux, je serai plus sensible que pour moi-même aux bontés dont Votre Majesté voudra bien les combler. Je la supplie de leur écrire, elle-même pour leur annoncer ses grâces. Vous vous acquitterez, Sire, d'une dette bien légitime, et ce procédé noble et touchant leur fera oublier leurs travaux passés, et leur fera désirer ardemment de vous sacrifier leur repos, leurs biens et leurs vies.

Cortès préparait une expédition, contre les habitants des rives du Panuco, qui, d'abord alliés, étaient devenus des ennemis acharnés après les sévices commis dans leur pays par les équipages de François de Garay, quand des lettres de la Vera-Crux lui annoncèrent l'arrivée de Christophe de Tapia qui venait prendre le commandement du Mexique. Obligé de rester à Mexico pour des raisons majeures, il envoya aussitôt Pierre Melgarejo avec ses pleins pouvoirs auprès de Tapia, dont la présence ne tarda pas à susciter des troubles et à provoquer le soulèvement des indigènes. Tapia, irrité des retards qu'on mettait à le reconnaître et ne se voyant pas obéi aussi aveuglément qu'il le voulait, reprit enfin la mer. Mais ce danger était à peine écarté qu'un autre surgissait :

L'équipage d'un vaisseau arrivant de Cuba, nous apprit que l'amiral Diego Colon Velasquez et François Garay s'étaient ligués dans l'intention de faire une irruption dans la Nouvelle-Espagne, en débarquant dans cette partie, et de lui faire ensuite tout le mal possible.

Pour ne point voir renouveler les scènes de Narvaez, je résolus, en laissant dans Mexico le meilleur ordre possible, de me transporter en personne sur les bords du Panuco, afin d'en imposer à mes ennemis, et de rompre plus aisément leurs projets, quand je serais le premier objet qui se présenterait à leur vue après leur descente.

Je partis avec 100 cavaliers, 300 fantassins espagnols, quelques pièces de canon et plus de 20,000 Indiens. A notre arrivée à Ayntus-Cotaclan, dans la province du Panuco, une multitude innombrable d'ennemis nous présenta la bataille dans une plaine unie ; comme la cavalerie pouvait y manœuvrer très facilement, la victoire fut bientôt décidée ; nous eûmes quelques Indiens tués, plusieurs Espagnols et plusieurs chevaux blessés ; mais nos ennemis éprouvèrent de grosses pertes, et la déroute fut si complète, qu'ils ne reparurent plus. Je restai quelques jours dans la ville pour faire panser les blessés, et laisser reposer mes troupes.

Les habitants de cette ville et des environs, qui étaient venus faire leur soumission à Mexico, me suivirent à mon départ jusqu'au port et me rendirent tous les services en leur pouvoir. Je ne rencontrai plus d'ennemis ; tous les Indiens des endroits par où je passais, imploraient ma miséricorde, se soumettaient et prévenaient mes besoins.

En arrivant à la rivière et au port, je me logeai dans une ville appelée Chila, située à cinq lieues de la mer, dépeuplée et presque réduite en cendres depuis l'invasion de Fr. de Garay, qui y avait été battu et défait entièrement.

De Chila j'envoyai des députés de l'autre côté de la rivière, et dans les nombreuses villes qui la bordent ou qui sont situées sur les lacs des environs, pour dissiper leurs craintes, pour leur dire que j'oubliais le passé, que je ne voulais leur faire aucun mal, parce qu'ils n'étaient point coupables, puisque les troupes de Garay, qu'ils avaient combattues, les avaient maltraités auparavant ; mais ils ne voulurent point croire ces députés, il les maltraitèrent et en tuèrent même quelques-uns, au lieu de se soumettre. Nous étions obligés d'aller faire nos provisions d'eau douce de l'autre côté du fleuve ; mais nos ennemis s'emparèrent d'un poste avantageux pour nous en empêcher et pour attaquer ceux qui voudraient faire de l'eau Je passai quinze jours dans l'espérance de les ramener par les douceurs et surtout par les bons traitements dont j'usais avec les moins opiniâtres ; mais ces moyens furent inutiles à cause de leur extrême confiance dans leurs forces et dans celles de la nature du pays qu'il habitaient.

J'eus donc recours à un autre expédient : je fis passer à l'autre bord du fleuve, pendant la nuit, de l'infanterie et une grande partie de mes chevaux, sans que les ennemis s'en aperçussent : quand j'eus mis le plus grand ordre dans mon quartier, je passai moi-même de l'autre côté pour diriger les opérations. A peine les ennemis nous y eurent-ils aperçus, qu'ils nous chargèrent si vigoureusement que, depuis mon séjour dans le nouveau monde, je n'avais pas été attaqué avec autant de valeur, de vivacité et d'intelligence que dans cette occasion. Nous y perdîmes deux chevaux tués, nous en eûmes dix de dangereusement blessés, et mis hors de combat. Malgré ce désavantage, nous ne quittâmes prise qu'après avoir mis l'ennemi en déroute, en avoir fait une boucherie horrible, tant dans le combat que dans la poursuite, qui seule dura plus d'une heure.

Dans le dessein d'achever de les dissiper entièrement, je marchai beaucoup au delà de cette première lieue avec 30 cavaliers qui me restaient et avec cent fantassins. J'allai passer la nuit à trois lieues de mon quartier, dans une ville que je trouvai abandonnée. En pénétrant dans le temple, nous y découvrîmes la plus grande partie des dépouilles du détachement de Garay, qui avait été massacré.

Le lendemain, je suivis les bords du lac, pour le tourner ou pour trouver du moins un moyen quelconque de passer de l'autre côté, peuplé et garni de villes. Nous marchâmes en vain tout le jour pour remplir l'un de nos projets. Vers le soir, nous aperçûmes une très belle ville, dont nous approchâmes toujours en côtoyant le lac; il ne parut aux environs aucun habitant : pour nous assurer davantage de l'évacuation, j'ordonnai à dix cavaliers de piquer droit à la ville, tandis que je tâcherais avec dix autres d'entrer du côté du lac. Les dix cavaliers restant escortaient l'arrière-garde, qui n'était pas encore arrivée. A notre entrée dans la ville, nous découvrîmes une multitude innombrable d'habitants cachés en embuscade dans des maisons pour nous surprendre. Le combat fut extrêmement vigoureux. Ils nous tuèrent un cheval et blessèrent presque tous les autres, ainsi que la plupart des Espagnols : les Indiens combattirent longtemps; ils nous chargèrent avec fermeté quatre fois, et se rallièrent quatre fois, après avoir été repoussés à chaque attaque. A la fin, il se rangèrent en cercle, mirent un genou à terre, et sans parler ni pousser un seul des cris ordinaires aux Indiens, ils nous décochèrent dans cette attitude une nuée de flèches si considérable, que si nous n'eussions eu des armes à l'épreuve, pas un seul n'en serait échappé. On trouve près de la ville une rivière qui se jette dans le lac. Quelques Indiens, poussés de trop près par les Espagnols, s'y jetèrent à la nage, et furent peu à peu suivis par un grand nombre de fuyards, et finalement par la masse entière des ennemis qui, mise en déroute, passa la rivière à la nage et alla se poster sur l'autre bord ; nous restâmes chacun de notre côté de la rivière, jusqu'à la nuit close ; la profondeur ne nous permit point d'en hasarder le passage, et nous allâmes passer cette nuit dans la ville, où, toujours sur nos gardes, nous mangeâmes le cheval tué, les provisions nous manquant absolument.

Le jour suivant, nous trouvâmes nos ennemis de la veille éclipsés ; nous nous remîmes en marche, et nous parcourûmes quelques hameaux sans habitants ; mais nous y trouvâmes des celliers où ils déposaient leurs vins, avec quelques tonneaux. Nous passâmes la nuit dans un champ de maïs, où les troupes et les chevaux prirent quelques rafraîchissements. Nous voyageâmes ainsi quelques jours, sans rencontrer personne, quoique le pays renfermât assez de villages. Le manque de vivres nous faisait beaucoup souffrir ; à peine avions-nous entre tous 50 livres de pain. Cette dure extrémité nous força de retourner à notre quartier, où nous trouvâmes bien portant et bien tranquilles tous ceux que nous y avions laissés. Ils n'avaient point vu paraître d'ennemis, et j'en conclus que ceux-ci s'étaient tous retirés dans la partie du lac que je n'avais pu traverser. J'usai, en conséquence, de mes canots pour faire passer pendant la nuit à l'autre bord des troupes et des chevaux. Je fis remonter sur le lac quelques arbalétriers et quelques fusiliers : le reste des troupes marcha par terre ; nous assaillîmes à l'improviste une grande ville défendue par une multitude presque innombrable d'habitants, qui, surpris dans un poste où ils se croyaient à l'abri de tout danger, furent saisis de la frayeur la plus salutaire pour nous; car, après en avoir passé un grand nombre au fil de l'épée, le reste implora de toutes parts la clémence du vainqueur, et en moins de vingt jours, le reste de la province, qui suivit leur exemple, fut pacifié et soumis.

J'envoyai ensuite reconnaître cette province dans toutes les parties, et faire un état exact des villes, des villages et du nombre des habitants. Dès que je fus parfaitement instruit de l'étendue et de la véritable position de la province, je choisis l'endroit qui me parut le plus convenable pour y fonder une ville, que j'appelai Saint-Étienne-de-Port. Je tirai des habitants des villages pour peupler la nouvelle ville. Je nommai des alcades et des régisseurs. Je plaçai, pour me suppléer, un capitaine, commandant trente cavaliers et cent fantassins qui s'y établirent, et je leur laissai une barque et une bagarre qu'on m'avait envoyées de la Vera-Crux. On m'avait encore envoyé de cette ville un navire chargé de provisions, de viande, de pain, de vin, d'huile, de vinaigre et d'autres comestibles ; mais ce vaisseau fit naufrage, tout ce qu'il portait fut perdu ; il ne se sauva que trois hommes de l'équipage dans une petite île éloignée de cent lieues de la terre-ferme, où je les envoyai chercher dans une barque.

On les trouva encore vivants. Ils s'étaient nourris de loups marins, fort abondants dans cette île, suivant leur rapport, et d'un fruit à peu près semblable à la figue.

Mon expédition du Panuco m'a coûté au moins 150,000 livres ; ceux qui m'y suivirent en dépensèrent autant, pour leurs chevaux, leurs vivres, leurs armes, etc., le fer se vendant entre autres au poids de l'or et au double du poids de l'argent. Mais je ne regretterais point cette dépense, quand même elle aurait été doublée, par les grands avantages qui en résultèrent pour Votre Majesté. Non seulement elle procura la soumission des Indiens, mais elle eut dans la suite une utilité que quelques exemples peuvent faire sentir ; car, peu après la pacification générale, il échoua sur ces côtes un vaisseau chargé de vivres et dont l'équipage était nombreux. Tous y auraient péri par l'eau et par le feu, comme les premiers navigateurs qui y abordèrent, si le pays n'avait pas été pacifié ; et quand François de Garay, comme je le dirai dans la suite, voulut y aborder depuis, quand il essuya un coup de vent qui jeta ses navires à 30 lieues au-dessous de la rivière, quand il en perdit quelques-uns, quand tous les équipages sautèrent à terre dans le plus grand délabrement, ni chefs, ni matelots n'auraient évité la mort, si le pays n'avait pas été pacifié par mon expédition. Les habitants, qui les portèrent, dans cette occasion, sur leurs épaules à Saint-Etienne-de-Port, leur auraient enfoncé le poignard dans le cœur, les auraient écorchés et empalés comme ceux de la première expédition, avec tant d'adresse que nous aurions pu en reconnaître quelques-uns, comme nous le fîmes lorsque nous entrâmes dans un temple où nous en trouvâmes plusieurs suspendus, que nous reconnûmes effectivement.

Cortès parle ensuite de petites expéditions dont une dans la province de Coliman, où, après la victoire, il distribua les Indiens entre les 25 cavaliers et les 120 fantassins espagnols qui habitaient la nouvelle ville.

J'équipai encore une flotte assez considérable, dont je donnai le commandement à Chr. d'Olid, avec ordre d'aller établir une colonie à la pointe du cap d'Hibueras, à 60 lieues de la baie de l'Ascension, tant parce que j'étais convaincu que le pays en était excellent et riche, que parce que plusieurs pilotes pensaient que par cette baie on pénétrait dans le détroit qui conduisait à l'autre mer. Je désirais avec ardeur découvrir cette communication ; car, si au lieu d'y trouver l'isthme de Panama, elle avait existé, Votre Majesté en aurait retiré les plus grands avantages. Je fis pourvoir les chefs de cette expédition de tout ce qui pouvait leur être nécessaire.

Je reçus dans ce temps un député de Saint-Etienne-de-Port, dans la province du Panuco; les alcades de cette ville me donnèrent avis par lui de l'arrivée de Fr. de Garay dans la rivière du Panuco et de son débarquement à la tête de 120 cavaliers, de 400 fantassins et d'une nombreuse artillerie. Il prenait le titre de gouverneur de la Nouvelle-Espagne : il faisait dire aux Indiens par un interprète, qu'il venait les venger de tout le mal que je leur avais fait dans la guerre passée, et qu'il les engageait à se joindre à lui pour chasser les Espagnols que j'avais établis dans leur pays ou que j'y enverrais; il promit de les secourir de tout son pouvoir : en un mot, il tenait des discours si séditieux qu'il commençait à ébranler la fidélité des Indiens.

Je fus confirmé dans mes soupçons sur la ligue qu'avait formée contre moi Fr. de Garay, l'amiral. et Diego Velasquez, par l'arrivée d'une carabele venant de Cuba et amenant dans la province du Panuco, des créatures ou parents de Diego Velasquez, de l'évêque de Burgos et de l'amiral.

Aussitôt que j'eus reçu cette nouvelle, quoique j'eusse un bras disloqué par une chute de cheval, et que je gardasse le lit, je résolus d'aller au-devant de Garay, pour arrêter le trouble et les révoltes qui commençaient à se multiplier. Je détachai en avant Alvarado avec les troupes que j'avais destinées et rassemblées pour son expédition, et je me proposai de le suivre au bout de deux jours.

J'avais déjà envoyé à dix lieues en avant mon lit et mes équipages, lorsqu'il m'arriva un messager de la Vera-Crux, avec un paquet d'Espagne, venu par un vaisseau tout nouvellement entré dans le port de cette ville. Ce paquet contenait une patente de Votre Majesté qui défendait expressément à Fr. de Garay de se mêler en rien de la province du Panuco, ni d'aucune colonie fondée par moi dans le nouveau monde, dont le gouvernement exclusif m'était confirmé.

L'arrivée de cette patente suspendit mon départ heureusement pour ma santé ; je souffrais depuis 60 jours les douleurs les plus vives et l'insomnie la plus accablante. Ma vie courait des risques dans le voyage que j'entreprenais ; mais aucune considération ne m'arrêtait, et celle-là moins qu'une autre, lorsqu'il s'agissait de prévenir des troubles, des soulèvements, une guerre civile et surtout l'effusion de beaucoup de sang. Je fis partir sur-le-champ l'alcade-major Ocampo, avec la patente de Votre Majesté et l'ordre exprès de joindre Alvarado, pour lui défendre d'approcher des troupes de Garay. J'ordonnai encore à l'alcade de signifier dans toute la formalité requise, la patente de Votre Majesté à Fr. de Garay, et de me faire rendre compte de sa réponse le plus tôt possible.

Ocampo fit la plus grande diligence. Il arriva d'abord dans la province de Guatescas, que d'Alvarado avait déjà traversée; et d'Alvarado informé qu'il marchait à ma place, fit savoir à Ocampo que d'Ovalle, capitaine de Fr. de Garay, ravageait, avec 22 cavaliers, quelques villages de cette province, dont il faisait révolter les habitants, et qu'en outre il avait appris que ce capitaine avait placé des vedettes sur le chemin qu'il devait parcourir

Alvarado croyant que d'Ovalle voulait l'attaquer, se mit sur ses gardes, et marcha en bon ordre sur le village de Lajas, où il rencontra d'Ovalle à la tête de son détachement. Il se ménagea une entrevue avec lui, et lui fit part de son étonnement au sujet des ravages qu'il exerçait dans cette province, ayant d'autant plus de tort, que l'intention du gouverneur et de ses lieutenants n'était point de leur faire aucun mal, et qu'il avait ordonné au contraire qu'on allât au-devant de tous leurs besoin. Il ajouta que, pour assurer leurs personnes, éviter le trouble, les séditions et le scandale, il le priait de trouver bon que l'on mît en dépôt les armes et les chevaux de son détachement jusqu'à ce que tout le monde fût arrangé et d'accord. D'Ovalle, un peu étourdi de cette politesse inattendue, chercha à se disculper de son mieux, et dit à Alvarado, qu'il était mal informé; mais il fallut céder à la nécessité, à la fermeté de mon lieutenant, et consentir au dépôt proposé. Cette condition exécutée, les officiers et soldats des deux partis se mêlèrent, burent, mangèrent et se divertirent ensemble, sans qu'il y eût la moindre apparence d'inimitié, de dispute et de rancune.

L'alcade-major, informé de ce qui se passait, dépêcha sur-le-champ Ordugna, l'un de mes secrétaires, aux deux capitaines, avec ordre de faire rendre le dépôt mentionné au capitaine d'Ovalle et à ses gens, et de leur dire que mon intention était de les favoriser en tout et de les aider de toute ma puissance, pourvu qu'ils ne s'avisassent plus de troubler la tranquillité des provinces de la Nouvelle-Espagne. Alvarado eut également ordre de les prévenir sur leurs besoins, et de ne point leur causer de chagrin.

Sur ces entrefaites, la flotte de Garay était à l'embouchure du Panuco et semblait menacer vivement la ville de Saint-Etienne que j'avais fondée. Il faut remonter la rivière pendant trois lieues pour venir mouiller dans l'endroit où les vaisseaux qui fréquentent ces parages vont mouiller d'ordinaire. Pedro de Vallejo, mon lieutenant dans cette ville, pour se mettre à couvert des dangers dont les vaisseaux le menaçaient, fit sommer les capitaines de remonter jusqu'au port, d'y jeter l'ancre, sans causer ni trouble, ni désordre, ni soulèvement dans le pays. Il leur ordonna encore d'exhiber les patentes qu'ils pourraient avoir, soit pour pénétrer dans cette province, soit pour la peupler, soit pour y faire une expédition quelconque ; il les assura qu'aussitôt qu'il aurait vu ces patentes, il se ferait un devoir d'en procurer la pleine et entière exécution, et de montrer pour tout ce qui émanait de la suprême puissance, une obéissance sans bornes. La réponse des commandants des vaisseaux démontra clairement qu'ils ne voulaient rien faire de conforme aux ordres et à la réquisition de mon lieutenant : seconde sommation, en conséquence du premier refus d'obéir ; même réponse. Il y avait plus de deux mois que les vaisseaux s'obstinaient à rester à l'embouchure du fleuve, et leur résidence occasionnait des troubles considérables parmi les Espagnols et les Indiens, lorsqu'un certain Castromocho, contremaître d'un vaisseau, et Martin-Jean de Guipuscoa, contremaître d'un autre, firent dire secrètement à mon lieutenant qu'ils désiraient la paix, et qu'ils étaient prêts d'obéir aux ordres de la justice ; ils le priaient de se transporter dans leurs vaisseaux, disant qu'ils le recevraient bien, obéiraient à ses ordres, et lui feraient part d'un moyen certain pour déterminer les autres vaisseaux à entrer dans leurs vues pacifiques et d'obéissance. Vallejo se détermina, sur cette ouverture, à se rendre à bord de ces vaisseaux, escorté seulement de cinq hommes. Il y fut bien reçu, et fit incessamment passer à dom Juan Grijalva, chef de l'escadre, montant le vaisseau-commandant, l'ordre d'exécuter tout ce qui lui avait été précédemment ordonné. Ce commandant refusa non seulement d'obéir, mais même il fit rassembler les autres vaisseaux autour du sien : tous, excepté les deux vaisseaux mentionnnés, environnèrent le vaisseau commandant. Cette exception ayant été remarquée de Grijalva, il ordonna à tous les autres capitaines de diriger leurs batteries sur ces deux vaisseaux, de les canonner et de les couler bas. Cet ordre fut donné publiquement et entendu de tous : Vallejo fit préparer l'artillerie des deux vaisseaux qu'il avait pour se défendre ; mais l'équipage de tous les vaisseaux qui environnaient Grijalva, refusa d'exécuter ses ordres, et il fut contraint d'envoyer un écrivain à Vallejo pour entrer en pourparler. Vincent Lopez s'aboucha en conséquence avec mon lieutenant, qui lui répondit qu'il n'était venu à bord de ses vaisseaux, que pour faire la paix et pour éviter le scandale, les troubles, les soulèvements que pouvait occasionner l'aspect des vaisseaux espagnols qui ne mouillaient point dans le port, et qui, comme des corsaires dans ces parages, semblaient menacer continuellement d'une descente les possessions de Votre Majesté ; que cette conduite indécente était en même temps indigne d'un Espagnol. Il ajouta à ces réflexions toutes celles que la nature des circonstances lui suggéra. Elles firent le plus grand effet sur Lopez qui n'en affaiblit pas les expressions en les rendant à Grijalva au nom de Vallejo qui, sans contredit, représentait entièrement Votre Majesté dans cette province.

Grijalva réfléchissant qu'effectivement les vaisseaux jouaient un rôle de corsaire, et qu'au surplus ni lui ni Garay n'avaient exhibé des patentes qui exigeassent l'obéissance de la garnison et de la bourgeoisie de Saint-Etienne, il se détermina enfin, ainsi que tous ses subordonnés, à obéir à Vallejo, mon lieutenant, et à venir mouiller dans le port.

Vallejo eut l'air de faire arrêter Grijalva pour le punir de sa désobéissance ; mais mon alcade-major parut à temps, et ordonna d'après mes intentions, de mettre ce chef d'escadre en liberté, de le favoriser dans toutes ses demandes, de prévenir ses désirs, ainsi que ceux de tous ses subordonnés.

L'alcade-major écrivit à Fr. de Garay qui était dans un port éloigné de dix ou douze lieues de Saint-Etienne, que je ne pouvais aller à sa rencontre ; mais que je l'envoyais chargé de mes pouvoirs pour prendre avec lui des arrangements convenables pour nous communiquer nos patentes, et faire, en un mot, tout ce que nous prescrirait le bien et l'avantage du service du roi. A la réception de sa lettre, Garay vint trouver l'alcade-major, qui le reçut très bien, ainsi que tout son monde, dont on prévint les besoins. Après avoir conféré ensemble, et examiné nos patentes, il fut décidé que Garay se conformerait exactement à celle que Votre Majesté m'avait accordée. L'alcade-major lui en fit la sommation en règle ; il obéit, promit de l'exécuter, et voulut, dès lors, se retirer avec ses troupes sur ses vaisseaux pour aller établir ailleurs des colonies. Il nous demanda pour toute grâce de l'aider à rassembler les Espagnols qu'il avait amenés et de lui faire fournir les vivres dont il avait besoin pour ses vaisseaux.

L'alcade-major lui procura toutes les provisions qu'il désira, et fit publier dans la ville et dans le port où résidaient à peu près tous les Espagnols des deux partis, un ban par lequel il était enjoint à tous les Espagnols, venus avec Garay, de le rejoindre au plus tôt, sous peine pour les délinquants, de perdre leurs armes, leurs chevaux et leur liberté, s'ils étaient cavaliers; de recevoir cent coups de fouet, d'être faits prisonniers, et d'être remis à Garay, s'ils étaient fantassins.

Garay observa encore à l'alcade-major que plusieurs de ses soldats avaient vendu leurs armes et leurs chevaux dans le port de Saint-Étienne et dans ceux des environs, et que sans armes et sans chevaux, les hommes lui étaient inutiles. L'alcade-major fit l'impossible pour lui faire recouvrer les armes et les chevaux partout où ils avaient été vendus. Il plaça même des alguazils sur tous les chemins, pour empêcher les fuyards; ils avaient ordre de les prendre et de les remettre tous à Garay.

L'alcade-major envoya encore l'alguazil-major avec un de mes secrétaires, pour publier le ban dans la ville et dans le port de Saint-Étienne, avec ordre d'y faire la même perquisition, d'y rassembler les soldats qui fuyaient, de les remettre au pouvoir de Garay, de faire les perquisitions les plus exactes pour recouvrer les armes et les chevaux vendus.

Les ordres furent exécutés de tous points avec la dernière exactitude; Garay retourna à Saint-Étienne-de-Port pour s'y rembarquer, et l'alcade-major resta avec tout son monde dans l'autre, pour ne point augmenter la consommation, et pour faciliter tout les approvisionnements; j'y restai encore six à sept jours pour savoir comment tout se passerait et comment on exécuterait ses ordres. Les vivres manquèrent; l'alcade-major prévint Garay de son départ pour Mexico, en lui demandant s'il avait quelque chose à lui ordonner : Garay l'instruisit à l'instant qu'il avait trouvé ses vaisseaux dans le plus mauvais état, qu'il y en avait six de perdus, que les autres n'étaient pas en état de tenir la mer, qu'il était occupé à faire des informations sur cet objet pour m'en faire part, qu'enfin il lui était impossible de partir; que d'ailleurs la plupart de ses gens étaient révoltés contre lui, prétendaient qu'ils n'étaient pas plus obligés de le suivre que d'obéir à mon alcade, pour bien des raisons, dont la moindre était celle d'avoir été exposés plusieurs fois à mourir de faim. Garay prétendait encore qu'aucune mesure n'était capable d'arrêter ses gens; que la plupart de ceux qui se trouvaient le soir avec lui disparaissaient le lendemain matin; que ceux qu'on faisait prisonniers un jour, s'échappaient le jour suivant, dès qu'ils avaient recouvré leur liberté; qu'enfin, du soir au lendemain, il y avait très souvent 200 hommes de différence. Il finissait par supplier l'alcade-major de ne point partir avant qu'il ne l'eût rejoint, puisqu'il voulait l'accompagner à Mexico. Il prétendait qu'il mourrait de chagrin, s'il restait à Saint-Étienne : effectivement il arriva le second jour ; l'alcade-major m'adressa un avis pour me prévenir du voyage de Garay à Mexico ; il y ajouta qu'il s'arrêterait en deçà des montagnes au village de Cicoaque, pour y attendre ma réponse.

Garay me fit le plus grand détail du mauvais état de ses vaisseaux et de la mauvaise volonté de ses gens. Il me mandait que personne ne pouvait, plus que moi, lui procurer le moyen de radouber ses vaisseaux, de compléter son équipage et de pourvoir généralement à ses besoins, et que d'après cette certitude, il venait me trouver, tant pour cet objet que pour m'offrir pour ma fille son fils aîné, avec tout ce qu'il possédait et tout ce qu'il pouvait espérer.

L'alcade-major, au moment de son départ pour Mexico, ayant appris qu'il y avait sur la flotte de Garay quelques personnes suspectes, créatures et amis de Velasquez, qui ne cherchaient uniquement qu'à décrier et à censurer mes opérations, crut, pour prévenir les dangers de leur séjour dans cette province, les troubles, les séditions, devoir les en chasser, conséquemment, au décret que Sa Majesté m'a adressé. Il fit signifier l'ordre d'en sortir à Gonsalve de Figueroa, à Alfonse de Mendoza, à Antoine de la Cerda, à Jean d'Avila, à Laurent d'Ulloa, à Tuborda, à Jean de Grijalva, à Jean de Médina et à quelques autres.

Ces précautions prises, Garay et lui se mirent en route, et trouvèrent à Cicoaque la réponse dans laquelle je leur témoignais ma joie de les recevoir; je mandai particulièrement à Garay qu'à son arrivée à Mexico, nous traiterions volontiers sur tous les objets qu'il m'avait indiqués, et que je ferais tout ce qui dépendrait de moi pour trouver la manière et les moyens de le satisfaire. Je pris aussi des mesures pour que rien ne lui manquât en route. J'ordonnai à tous les caciques de lui fournir à son passage tout ce dont il aurait besoin. A l'arrivée de Garay à Mexico, je le reçus comme mon frère. J'étais, en effet, très fâché de la perte de ses vaisseaux, et de la dispersion des gens de son équipage. Je lui offris mes services de bien bon cœur, car je désirais véritablement lui être utile. Après les politesses d'usage, Garay me renouvela le projet d'allier son fils à ma fille, èt montra le plus vif désir, surtout de le voir bientôt exécuté : je me déterminai, pour lui faire plaisir, à en passer par toutes les conditions qu'il désirait. Nous dressâmes quelques articles de ce mariage, après être convenus que rien ne s'exécuterait sans votre consentement En attendant celui des deux parties contractantes, nous réunîmes aux sentiments de notre ancienne amitié, tous ceux que pouvait nous inspirer l'union de nos enfants ; nous nous occupâmes réciproquement de ce qui pouvait honnêtement combler nos désirs et nous procurer quelques avantages. Comme Garay était le plus malheureux, nos soins communs furent employés d'abord à lui être utiles.

Les soldats et les matelots de Garay, croyant par les ordonnances de l'alcade-major et par tous les efforts qu'il employait pour les réunir, qu'on voulait les contraindre à repartir malgré eux avec leur capitaine, s'enfoncèrent dans les terres, se séparèrent dans les villages trois à trois, six à six, et se cachèrent de manière qu'il fût impossible de les découvrir pour les réunir. Leurs discours, leurs intrigues, leurs désordres et surtout leurs séparations contribuèrent infiniment à la révolte des Indiens ; les Espagnols leur enlevaient par force leurs vivres et leurs femmes et ravageaient tout. Les Indiens, d'après les insinuations que Garay avait fait répandre au moment de son arrivée, voulant profiter de la division qui avait régné, et qu'ils croyaient régner encore parmi les chefs espagnols, la révolte fut générale : informés des endroits où se retirait chaque petite division espagnole, ils les surprirent, les attaquèrent en détail et les combattirent avec avantage. Les Espagnols désarmés tombèrent tous au pouvoir des Indiens, dont l'audace augmenta tous les jours, au point de se présenter même devant Saint-Étienne-de-Port.

Ils en attaquèrent si vivement la garnison et les habitants, que ceux-ci coururent les plus grands dangers ; ils auraient été perdus sans ressource, si les ennemis les avaient devancés dans un endroit où ils purent se fortifier et résister à leur première attaque. Revenus de leur première surprise, ayant peu à peu ralenti l'ardeur de l'attaque par l'opiniâtreté de la défense, ils sortirent plusieurs fois eux-mêmes en rase campagne, combattirent les Indiens avec avantage et les mirent en déroute.

Je fus instruit de tous ces événements par un fantassin échappé heureusement à tant d'accidents, de meurtres ; il m'annonça le massacre d'un grand nombre d'Espagnols, la révolte de la province entière du Panuco et la perte de plusieurs habitants de Saint-Étienne. Ce récit me fit croire qu'il n'était pas échappé un seul Espagnol. Je tombai dans la plus profonde mélancolie, persuadé, comme je l'étais, que c'était une province perdue. Garay en mourut de chagrin, tant son imagination fut frappée du récit de ces malheurs, de la réflexion d'en avoir été la cause, et de la crainte d'y avoir perdu son fils et toute sa fortune.

L'Espagnol, porteur de cette première nouvelle, ne put me faire le détail que de ce qui s'était passé sous ses yeux dans le village de Tacetuco, où il était lui quatrième avec trois cavaliers : ils avaient été attaqués sur le grand chemin. Les Indiens avaient déjà tué deux cavaliers et deux chevaux, lorsqu'il s'échappa : en fuyant, il avait vu consumer par les flammes un logement qui contenait un officier, 15 cavaliers et 40 fantassins, qu'ils devaient rejoindre tous quatre ; il craignait que ces 56 hommes n'eussent été massacrés par les Indiens. Je n'avais point d'autres nouvelles depuis 6 ou 7 jours que cet Espagnol était arrivé, j'étais fort inquiet des événements, lorsque je reçus une lettre de cet officier que mon Espagnol croyait mort, et qui, au contraire, avait gagné la ville de Ténertequipa, située sur la frontière des deux provinces. Il me mandait dans sa lettre qu'il attendait un détachement du village de Tacetuco, pour aller soumettre quelques villages de l'autre côté de la rivière, lorsque, pendant la nuit, ils avaient été bloqués dans leur logement par une multitude innombrable d'Indiens qui y mirent le feu avant la pointe du jour, et qui ayant montré jusqu'à ce moment la plus grande tranquillité, leur avaient inspiré une sécurité parfaite : il ajoutait qu'ils avaient été resserrés de si près, que tout son monde avait péri dans le combat, à l'exception de deux cavaliers et lui ; que même son cheval avait été tué, et qu'il ne s'était échappé qu'à l'aide d'un de ses compagnons, qui l'avait pris en croupe, et que malgré cela ils ne se seraient peut-être pas encore sauvés, si, à deux lieues de leur catastrophe, ils n'avaient rencontré un alcade de Saint-Étienne, qui, à la tête de ses troupes, protégea leur fuite, en ne perdant pas un instant pour sortir avec eux de la province. Quant aux troupes éparses de Garay, et à celles mêmes qui restaient dans la ville, ils croyaient qu'il n'en existait plus un seul homme, parce que la révolte, dont Garay était cause, avait été générale, et que depuis le temps qu'il s'était dit gouverneur, et qu'il venait pour les aider à chasser ou à exterminer les Espagnols répandus dans la province, les Indiens n'avaient plus voulu en servir un seul et avaient, au contraire, cherché toutes les occasions de massacrer ceux qui étaient sans défense ou qui voyageaient seuls sur les chemins. Personne ne s'étant méfié d'une révolte aussi générale que bien concertée, mon lieutenant, qui conduisait le plus gros détachement, ayant été surpris, et si cruellement maltraité, il y avait à parier que tous les Espagnols étaient victimes de leur confiance dans la fidélité et dans la bonne volonté apparente des Indiens jusqu'à ce moment.

Cette lettre ne me permettant plus de douter de la révolte de cette province et de la mort des Espagnols qui y habitaient, je fis partir le plus tôt possible un capitaine espagnol, à la tête de 50 cavaliers, de

100 fantassins, tant arbalétriers qu'arquebusiers, et de 4 pièces de canon, accompagnés de toutes les munitions de guerre nécessaires pour cette expédition ; je détachai encore deux capitaines indiens de la province où j'habitais, avec chacun un détachement de 15,000 habitants ; j'ordonnai au capitaine espagnol de se rendre le plus tôt possible sur les frontières de cette province, d'y pénétrer, s'il le pouvait, sans s'arrêter, jusqu'à Saint-Etienne-de-Port, de s'informer des troupes qui existaient encore, et de secourir la place si par hasard elle était attaquée.

Ce capitaine marcha avec la plus grande célérité ; il combattit deux fois les ennemis, et Dieu lui accorda deux fois la victoire. Il perça jusqu'à Saint-Etienne, où il trouva 22 cavaliers et 100 fantassins, qui en avaient soutenu le siège avec la dernière valeur, et qui s'étaient défendus avec quelques pièces de canon. Ces braves gens avaient déjà combattu six ou sept fois l'ennemi ; mais ils n'auraient pu résister plus de trois jours, si le secours eût tardé à leur arriver : la plupart étaient morts de fatigue ou mouraient de faim. Ils avaient détaché un des brigantins de Garay à la Vera-Crux, pour m'instruire par cette voie, la seule qu'ils pussent employer dans les dures extrémités auxquelles ils étaient réduits : ce brigantin revint à Saint-Etienne chargé de vivres quelques jours après le secours que j'y avais envoyé.

Les cent fantassins ou cavaliers que Garay avait placés dans Tamisquil, avaient aussi été tous massacrés, à l'exception d'un seul Indien de la Jamaïque qui, s'étant sauvé dans les montagnes, échappa seul pour rendre compte de la surprise et du massacre des Espagnols. Garay avait perdu au moins 210 des Espagnols amenés avec lui. La garnison de Saint-Etienne avait essuyé une perte de 43 hommes. En un mot, on ne put former de tout ce qui restait et des cavaliers que j'avais envoyés, qu'un corps de 80 cavaliers qui fut divisé en trois escadrons, qui commencèrent la guerre dans cette province par faire prisonniers 400 des plus notables habitants. On choisit parmi ceux-ci les principaux chefs des mutins qu'on interrogea juridiquement, et qui ayant avoué chacun en particulier les meurtres qu'ils avaient commis, et en général qu'ils avaient excité cette guerre, furent condamnés à être brûlés ; après l'exécution des plus criminels, on renvoya tous les autres prisonniers dans leur pays. Le capitaine nomma de nouveaux caciques, au nom de Votre Majesté, parmi les héritiers des coupables, et m'apprit qu'enfin la sûreté et la paix étaient parfaitement rétablies dans cette province.

En général, les Indiens sont naturellement inquiets, turbulents, changeants, portés à la révolte à la moindre nouveauté. Ils se révoltaient contre leurs caciques avec la même facilité avant la conquête, dès qu'ils voyaient apparence de succès à une sédition quelconque.

Lorsque j'appris l'arrivée de Garay, j'avais une flotte toute équipée et destinée pour le cap d'Hibueras. Dès que tout fut terminé de ce côté-là, je repris mon projet, quoique les dépenses que me causa l'entretien de cette flotte pendant un laps de temps aussi considérable, eussent épuisé mon argent et la plus grande partie de mes ressources; mais les suites de cette expédition pouvaient être si utiles, que je persistai dans le désir d'exécuter mon entreprise. J'achetai donc cinq gros navires et un brigantin; j'y embarquai 400 hommes, que j'approvisionnai d'artillerie, de poudre, de balles, d'armes, de provisions et de vivres. J'envoyai un de mes gens à Cuba avec 1,000 piastres d'or, pour y acheter des chevaux et des vivres, tant pour achever d'approvisionner les vaisseaux que pour en emmagasiner considérablement pour en fournir les vaisseaux qui viendraient en chercher; je voulais enfin que cette flotte ne manquât de rien; que l'équipage, loin d'être à charge aux habitants, fût au contraire à portée de faire des échanges avec eux.

Mon homme de confiance partit pour la Havane, le 11 janvier 1524, du port de Saint-Jean. Quand il eut acheté ces provisions et surtout des chevaux, la flotte s'y rassembla et fit voile ensuite pour Hibueras, avec ordre, en arrivant au premier port, de débarquer toutes les troupes, les chevaux, les vivres, le reste de la cargaison, de se fortifier avec l'artillerie dans l'endroit le plus propre à se retrancher au besoin et à y fonder un établissement si on n'y trouvait point d'obstacles.

A l'instant du débarquement, les trois plus gros vaisseaux de la flotte avaient ordre de remettre à la voile pour Cuba et de débarquer au port de la Trinité, le meilleur de ces parages. Ils devaient y trouver un homme de confiance, qui leur tiendrait prête une cargaison complète des objets dont ils pourraient avoir besoin; le premier capitaine de ces trois vaisseaux devait ensuite prendre les petits vaisseaux, le brigantin, le pilote-major et le capitaine Diego Hurtado, mon parent, et partir avec cette nouvelle flotte pour aller naviguer dans la baie de l'Ascension, et rechercher le détroit qu'on croyait y exister; la flotte avait ordre de ne point sortir de cette baie sans l'avoir bien reconnue, de rejoindre ensuite d'Olid, qui, lors de la réunion, m'enverrait un vaisseau pour m'apporter le détail le plus circonstancié des opérations et des découvertes faites par les différents chefs, pour me mettre à portée d'en instruire Votre Majesté.

L'arrivée de Garay avait encore suspendu l'opération que j'avais destinée à d'Alvarado, et pour laquelle j'avais fait beaucoup de dépenses préparatoires. J'avais dépensé des sommes énormes pour faire des avances aux troupes, pour avoir de l'artillerie, des chevaux, des armes et des munitions, dans l'espérance de procurer de grands avantages à Votre Majesté, et de découvrir des contrées riches et bien peuplées.

Aussitôt la paix établie dans la province du Panuco, je repris mon projet ; j'assemblai mes troupes destinées à Pierre d'Alvarado et je le fis partir de cette ville le 6 décembre 1523, avec 120 cavaliers montés et 40 chevaux de remonte, 300 fantassins, y compris 130 arbalétriers ou fusiliers, et 4 pièces d'artillerie, suivis de beaucoup de munitions en tout genre. Alvarado fut d'abord accompagné de quelques chefs indiens conduisant plusieurs détachements indigènes peu nombreux, vu la longueur du chemin.

J'ai déjà reçu des nouvelles de la province de Tecuantepeque, où nos troupes sont arrivées en bon état. Dieu veuille les y maintenir et les guider toujours ; quand on sert Votre Majesté, on a bien des droits aux bontés de l'Etre suprême, et on ne peut guère manquer de réussir.

Je recommandai avant de partir à d'Alvarado de m'envoyer le détail bien circonstancié de toutes les opérations, pour pouvoir en instruire Votre Majesté avec précision.

Il est à présumer, si un isthme ne les sépare, qu'Alvarado et d'Olid se réuniront.

Les contrées les plus reculées seraient déjà connues, sans les embarras que les flottes de Narvaez et de Garay m'ont occasionnés.

On a manqué, par suite, des découvertes essentielles et des richesses prodigieuses ; mais je ferai tous mes efforts pour regagner le temps perdu, si je n'ai plus d'envieux de ma gloire et de ma place ; je n'épargnerai ni travaux ni dépenses. J'ai déjà employé tout ce que je possédais ; de plus, je dois encore plus 60,000 piastres d'or à Votre Majesté, et plus de 12,000 à une personne qui m'a aidé à défrayer ma maison.

La ville du Saint-Esprit n'étant pas assez forte pour faciliter des conquêtes sur les provinces voisines, ni même pour contenir le pays qui dépend de sa juridiction, les Indiens s'y étaient révoltés et avaient massacré plusieurs Espagnols. Le 8 décembre 1523, j'y envoyai un capitaine avec 30 cavaliers, 100 fantassins, deux pièces de canon et des munitions de guerre de toute espèce.

Jusqu'ici, je n'en ai point encore reçu de nouvelles ; mais j'ai lieu d'espérer que cette expédition sera heureuse, et qu'on découvrira des choses précieuses et inconnues dans cette portion de terre située vers la mer du Nord, entre les pays conquis par d'Alvarado et ceux de Christophe d'Olid. Quand cette expédition sera finie, Votre Majesté peut compter dans son empire du nouveau monde plus de 400 lieues de pays pacifiées et tranquilles dans la partie du nord, et plus de 500 lieues dans la partie du sud, qui servent avec la plus grande fidélité, à l'exception de deux provinces situées entre celles de Tecuantepeque, de Chinantla, de Guaxaca et de Guaxaqualco; l'une de ces provinces se nomme Zaputeque, et l'autre Mixes. Le territoire en est si coupé de ravins et si rempli de montagnes escarpées, qu'il est même impraticable à l'infanterie; j'y ai envoyé deux fois des troupes qui n'ont pu les dompter; leurs villes sont fortifiées par la nature du terrain. Les Indiens en sont bien armés; ils combattent avec des lances de 25 à 30 pieds, grosses, bien faites et terminées par un caillou taillé en forme de fer. Toujours vigoureux dans la défense, ils ont souvent fait un mauvais parti aux Espagnols qui les ont attaqués; ils en ont massacré plusieurs, ils ont ravagé et ravagent encore les provinces voisines, qu'ils attaquent la nuit, mettant à feu et à sang les villes et les villages, et n'épargnant personne. Aussi, la plupart de leurs voisins se sont-ils confédérés pour leur résister. Pour m'opposer à leurs désordres, je rassemblai 150 fantassins, puisque la cavalerie ne pouvait point servir dans ces contrées. Je leur donnai quatre pièces de canon, avec toutes les munitions propres aux arbalétriers et aux fusiliers. Je donnai le commandement de ce détachement à Rodrigue Rangel, alcade de cette ville, qui avait déjà marché contre eux l'an dernier; mais qui avait été forcé de revenir sur ses pas au bout de deux mois, à cause de l'abondance des eaux.

Il repartit donc à la tête de son détachement pour

la seconde fois le 5 février de cette année. J'espère, moyennant le secours de Dieu, la bonté des troupes, l'excellence de l'armement et de l'équipement, les avantages de la saison et l'aide des Indiens de cette province qui sont tous exercés dans la profession des armes, que cette entreprise aura du succès et procurera de grands avantages, puisque, non seulement les Indiens de ces deux provinces ne sont ni soumis ni utiles, mais encore qu'ils troublent et harcèlent sans cesse leurs voisins.

Ces deux provinces sont remplies de mines d'or; leurs voisins se promettent fort de leur enlever cet or dès qu'ils seront soumis. Leurs habitants seront faits esclaves, les prisonniers seront marqués du fer et distribués entre tous les coopérateurs de l'expédition, quand le quint dû à Votre Majesté aura été mis à part. Ces peuples ont résisté aux différentes sommations qu'on leur a faites dans leur rébellion, après s'être offerts une fois; et ils ont ravagé les provinces limitrophes de la leur et massacré plusieurs Espagnols.

La moindre de ces expéditions me coûte personnellement 5,000 piastres d'or, celles d'Alvarado et d'Olid m'en coûtent plus de 50,000 en argent, non compris les revenus de mes terres que je ne passe pas en compte; mais tant que ces dépenses contribueront à votre gloire je n'aurai rien à regretter. Je désirerais seulement encore vous faire le sacrifice de ma personne. Il ne se présentera point d'occasion favorable à vous témoigner mon entier dévouement, que je ne la saisisse avec empressement.

Dans ma dernière lettre et dans celle-ci, j'ai exposé à Votre Majesté que j'avais commencé la construction de quatre vaisseaux dans la mer du Sud : comme on y travaille depuis longtemps, Votre Majesté croira peut-être que c'est par négligence de ma part qu'ils ne sont pas finis ; mais la partie de la mer du Sud où se fait cette construction, est à plus de 200 lieues des ports de la mer du Nord, où viennent débarquer tous les objets à destination de la Nouvelle-Espagne ; les chemins de la terre qui y conduisent sont entrecoupés de montagnes escarpées, et très difficiles à traverser. Les rivières sont très rapides et profondes ; tous les approvisionnements faits nécessairement dans le nord deviennent donc d'une difficulté extrême à transporter dans le sud. D'ailleurs, le feu prit il y a quelque temps dans un magasin où j'avais rassemblé les voiles, les câbles, les agrès, les clous, les ancres, la poix, le suif, l'étoupe, le bitume, en un mot tout ce qui est nécessaire à l'équipement de ces vaisseaux : tout fut consumé par l'incendie, sauf les ancres, et j'ai été obligé de renouveler tous ces approvisionnements ; heureusement pour moi qu'il est arrivé d'Espagne un navire qui m'a apporté tous ce que je pouvais désirer, et que j'avais demandé, dans la crainte d'éprouver l'accident qui est effectivement arrivé.

Ces quatre bâtiments me coûtent aujourd'hui mille piastres d'or, sans d'autres frais extraordinaires, quoiqu'ils ne soient pas encore lancés à l'eau ; mais il sont si avancés, que j'espère qu'ils le seront à la Pentecôte et à la Saint-Jean prochaines surtout si je reçois d'Europe de quoi former leur cargaison. J'ai été obligé de prendre ces précautions pour m'approvisionner : car depuis l'incendie, je n'ai pu trouver à le faire nulle part en Amérique.

J'ai la plus grande idée de ces vaisseaux de nouvelle construction. J'espère, avec l'aide de Dieu, qu'ils m'aideront à étendre l'empire de Votre Majesté digne de commander à l'univers entier, et capable d'en faire le bonheur.

Après la prise de Mexico, plusieurs raisons me décidèrent à ne pas y résider pour le moment ; je passai avec toute ma suite, comme je l'ai déjà dit, à Cuyoacan, autre ville située sur le lac ; mais comme je n'ai jamais perdu de vue le rétablissement de cette capitale à cause de sa délicieuse situation, j'ai fait tous mes efforts pour rassembler les habitants de la province dispersés dans le Mexique entier depuis la guerre ; et quoique je garde toujours prisonnier Guatimotzin, son ancien cacique, j'ai donné une commission de lieutenant de roi à un capitaine général que je connus du temps de Montézuma, et je lui donnai la plus grande autorité.

Je confiai la police de cette ville à plusieurs notables que j'avais connus précédemment, et que je cherchai à combler d'honneurs et de bienfaits. Je leur donnai même à tous des esclaves pour leur entretien, mais pas assez pour nuire, ni en aussi grand nombre qu'ils en avaient eu autrefois. Il se sont de leur côté très bien acquittés de leur commission. La ville compte déjà 30,000 habitants. La police en général et en particulier l'ordre dans les marchés, y est rétabli comme auparavant. J'ai accordé tant de liberté et tant d'exemptions à cette ville, que la population s'y accroît à vue d'œil. Les habitants sont tous à leur aise, et particulièrement les artisans, tels que charpentiers, tailleurs de pierre, maçons, orfèvres, etc. Les marchands y ont des magasins sûrs, commercent et vendent librement : la pêche, qui fournit un produit immense, y est fort exercée. Les agriculteurs y ont déjà planté des vergers, et semé tous les légumes d'Espagne, dont nous avons pu nous procurer de la semence. Si Votre Majesté avait égard à la demande réitérée que j'en ai faite, et qu'elle nous fît passer toutes celles qui nous manquent, je réponds bien du travail et de l'industrie des Mexicains; et l'un et l'autre nous mettraient bientôt dans l'abondance. Votre Majesté trouverait dans cette abondance les plus grands avantages, tant pour l'accroissement de ses revenus que pour augmenter les débouchés réciproques et le commerce entre ses différents domaines : je ferai, de mon côté, tout ce qui dépendra de moi pour réussir dans tous ces objets.

Après la prise de Mexico, j'y fis élever sur pilotis, au milieu des eaux, une forteresse pour mettre en sûreté les brigantins, dominer toute la ville en cas de sédition, et y faire toujours la loi ; c'est la meilleure forteresse et le plus bel arsenal que j'aie vu de ma vie. Du côté du lac, il y a deux tours très fortes, avec des embrasures partout où il en est besoin : elles sont toutes deux avancées comme des bastions, défendent le grand bâtiment qui les unit, et se défendent réciproquement. Ce grand bâtiment est composé d'un corps et de deux ailes qui remplissent trois côtés d'un rectangle, le quatrième côté du rectangle n'étant point bâti, laisse la vue du lac et l'entrée des bâtiments qui, dans le vide des trois ailes, séjournent dans une espèce de port protégé au besoin par le feu des trois ailes du bâtiments dans l'intérieur, et à l'extérieur par le canon des deux tours qui écraserait tous les bâtiments ennemis qui tenteraient d'y entrer. Dans le corps du bâtiment placé au milieu, est située la porte de la ville qui vient au lac. Ce bâtiment lui même est surmonté d'une tour fort élevée, bien crénelée, et remplie d'appartements où l'on pourrait faire beaucoup de mal à la ville.

J'enverrai à Votre Majesté un plan qui parlera plus clairement que je ne m'explique. Je n'entrerai donc point dans un plus grand détail à ce sujet. Il me suffit d'assurer que cette forteresse nous rend maîtres de la paix et de la guerre, puisque nous y renfermons, à l'abri de tout événement, les navires et l'artillerie que nous possédons.

La forteresse achevée, je crus pouvoir sans rien compromettre, me livrer au désir de peupler cette ville, et d'y venir demeurer avec tous mes compagnons. Je distribuai du terrain à tous ceux qui y avaient droit. J'en donnai en votre nom deux parts aux soldats ayant aidé à la conquête, pour les récompenser de leurs peines. Chacun s'est empressé de bâtir. L'abondance et la bonne qualité des matériaux en tout genre, permet de construire facilement de vastes et de belles maisons, qui sont déjà très avancées; avant cinq ans, cette ville sera la mieux bâtie, la plus majestueusement percée, la plus peuplée et la plus agréable du monde entier. Le quartier où bâtissent les Espagnols est séparé du quartier des Indiens par un canal couvert néanmoins de ponts de communication. Il y a dans chacun des deux quartiers, une grande place pour les marchés, où l'on trouve en abondance toutes les productions du pays, que les habitants des environs y viennent vendre. La partie des arts est bien inférieure à ce qu'elle était autrefois dans cette grande ville; on n'y rencontre plus de bijoux d'or ni d'argent, des plumages rares, singuliers et fort précieux; on y trouve seulement quelques effets, ou pièces travaillées en or et en argent, mais bien inférieures à ce qu'il s'y vendait autrefois.

Les procédés de Diego Velasquez, ses intrigues auprès de l'évêque de Burgos, les ordres de celui-ci au commis de la chambre de Séville et en particulier au contrôleur Lopez de Recalde, furent cause que je ne reçus point à temps les vivres et l'artillerie dont j'avais besoin, quoique je les eusse payés d'avance. Je désespérais absolument de recevoir des secours d'Espagne, parce que je ne pouvais pas douter, que mes détracteurs et mes ennemis ne trompassent continuellement Votre Majesté ; je redoublais d'effort, pour ne point perdre les fruits de tant de travaux et de dangers entrepris et soufferts pour la gloire, le service de Dieu et l'avantage de Votre Majesté.

Je fis rechercher avec le plus grand soin des mines de cuivre ; je distribuai des sommes immenses pour tâcher d'y parvenir promptement ; enfin Dieu permit que les recherches ne fussent pas inutiles, on m'en apporta en assez grande quantité, et je mis sur-le-champ à l'ouvrage un fondeur, qui, heureusement, se trouvait à ma suite : je fis fondre deux petites couleuvrines qui réussirent si bien, qu'il est impossible d'en obtenir de meilleures dans la fonte du même calibre. J'avais acheté à tel prix que ce soit, de la vaisselle d'étain pour le mélange nécessaire des deux métaux propres à ces deux pièces ; mais on n'en trouvait plus pour en fondre d'autres, et comme pour le cuivre, je fis chercher des mines d'étain, et Dieu qui ne m'a jamais abandonné dans mes plus pressants besoins, a permis d'abord que quelques Indiens de Talco m'en apportassent des lames très minces, qui y servaient de monnaie, et qu'enfin j'apprisse que cette matière se trouvait dans la province de Talco à 26 lieues de Mexico.

Quand j'eus des renseignements positifs sur ces mines, j'y envoyai sur-le-champ des Espagnols qui m'en firent bientôt passer des échantillons. J'ordonnai d'en tirer selon mon besoin. Cette seconde découverte conduisit à une troisième, celle d'une mine de fer.

Dès que je reçus l'étain que j'avais demandé, je fis fondre et j'ai actuellement cinq pièces de canon, deux couleuvrines et un serpentin.

J'ai en outre deux sacres que j'ai apportés avec moi, et une demi-couleuvrine que j'ai achetée à Ponce de Léon : en comptant les pièces des navires qui me sont arrivés, je possède 35 pièces de canon de fonte de tout calibre, dont la plus petite est plus forte qu'un fauconneau, et plus de 60 pièces de canon de fer. Maintenant donc que nous pouvons nous défendre, louange soit à Dieu qui a ajouté à ses bontés infinies celle de nous faire découvrir assez de salpêtre pour fournir à nos besoins, si nous avions des chaudières pour le lessiver ; quant au soufre, j'ai déjà exposé à Votre Majesté qu'on n'en trouvait que dans le volcan de Mexico. Le brave, l'intrépide Montano a affronté les horreurs du précipice pour nous en procurer ; pendant longtemps on le descendait dans le gouffre suspendu par une corde à la profondeur de 60 à 80 brasses ; et cet homme immortel, par un courage dont personne que lui n'a jamais été capable, a fourni à nos besoins, jusqu'au moment où Votre Majesté a daigné nous en envoyer, et où les basses intrigues d'un évêque ne nous ont plus obligés de recourir à un moyen également dangereux, et fait pour donner à l'univers entier un exemple inimitable de zèle et d'intrépidité.

Il n'y avait point de ville entre la Vera-Crux et le port Saint-Jean, où tous les vaisseaux allaient décharger, et où aucun n'était en sûreté à cause des vents du nord, qui déjà en avaient fait périr plusieurs ; je cherchai donc avec grand soin un emplacement dans le pays intermédiaire, pour y fonder une ville, dans l'espérance d'être plus heureux que lors de la recherche que j'en fis à mon arrivée.

Je trouvai enfin, à deux lieues de ce port, un emplacement aussi favorable que je pouvais le désirer, puisqu'il réunit la bonne eau, les pâturages et le bois, sauf celui de construction. Il est vrai que les carrières sont assez éloignées ; mais il est situé près d'un lac, sur lequel je fis lancer un canot pour découvrir s'il ne communiquait point à la mer et s'il n'était pas possible d'y remonter de grosses barques : on trouva que ce lac qui se dégorgeait dans un fleuve ayant son embouchure à la mer, avait au moins une brasse de profondeur. Il était facile d'en conclure qu'en nettoyant le lac des troncs d'arbres, des branches, etc., on pouvait faire remonter des barques jusque dans les rues de la nouvelle ville.

La nécessité de procurer un asile aux vaisseaux, me décida à exciter les habitants de Medellin à bâtir en ces lieux, et à quitter l'intérieur des terres pour venir habiter les côtes. Ils se rendirent presque tous à mes raisons, et en peu de temps la nouvelle ville prit forme et le lac fut nettoyé. D'ici peu cette ville et son port tiendront le second rang dans la Nouvelle-Espagne, et ne le céderont qu'à Mexico. Les vaisseaux commencent à y aborder : les marchandises y remontent dans les rues avec des barques et même des brigantins ; j'espère que les navires ne tarderont pas à y arriver eux-mêmes et à y rester dans la plus grande sûreté. Tous les habitants y travaillent sans relâche, ainsi qu'aux chemins qui conduisent de cette nouvelle ville à Mexico, et qui sont déjà fort avancés, heureusement pour la facilité du commerce et pour la diminution des frais de transport.

Toujours à la recherche de ce qui peut concourir à votre gloire et à votre avantage, j'ai cru, Sire, qu'il était de mon devoir, après toutes les précautions prises dans l'intérieur pour soumettre les uns, pacifier les autres, établir partout l'ordre, l'union et la paix, d'équiper des bâtiments pour découvrir et reconnaître l'étendue de la côte entre le Panuco et la Floride, et trouver, s'il est possible, un détroit dans la mer du Nord qui conduise à l'archipel découvert par Magellan, et qui doit en être assez proche ; si Dieu me permettait de réussir dans une pareille entreprise, le commerce de l'épicerie se ferait bien plus promptement et à moins de frais ; les vaisseaux construits dans ce but ne courraient plus de risques, puisqu'ils ne parcouraient plus que des côtes soumises à votre domination. Ils trouveraient sans cesse au besoin les moyens de mouiller dans des ports sûrs, de se radouber, de faire de l'eau, etc.

Quoique je sois ruiné et considérablement endetté par les dépenses que m'ont occasionné l'équipement des autres vaisseaux, les armées de terre, les provisions de toute espèce, la fonte de l'artillerie, et par mille autres frais qui se renouvellent tous les jours ; quoique tous les objets essentiels soient à un prix excessif, malgré la richesse du pays, et que les impôts ne soient pas, à beaucoup près, capables de balancer les dépenses, j'oublie mes intérêts personnels, j'emprunte de l'argent, et je dépenserai 10,000 piastres d'or, pour faire partir trois carabeles et deux brigantins destinés à la découverte de ce détroit. Il suffit que je puisse rendre de nouveaux services à Votre Majesté, pour que toute autre considération cesse, et que je m'y livre tout entier ; si on découvre le détroit, je vous rendrai là le service le plus signalé et le plus utile ; si on ne le rencontre point, on découvrira du moins de vastes et riches contrées qui produiront de grands avantages à Votre Majesté, en étendant votre domination ; il résultera des découvertes sur cet objet qu'on s'occupera plus utilement, quand on sera assuré qu'il n'existe point de détroit, de la navigation la moins dispendieuse pour se rendre aux îles qui produisent les épices : mais j'espère que l'entreprise de la flotte sera couronnée du plus grand succès, que le détroit sera reconnu, parce que rien ne peut se refuser aux efforts, aux soins et au zèle avec lesquels je désire y contribuer.

J'ai également l'intention d'envoyer dans la mer du Sud les vaisseaux que j'ai fait construire. Je compte avec l'aide de Dieu qu'ils seront prêts à partir du mois de juillet de cette année 1524; en descendant la côte il est impossible, s'il y a un détroit dans cette partie, qu'il ne soit découvert en ajoutant aux ordres pour ceux qui voyagent dans la mer du Nord, des instructions très précises à ceux qui dirigeront leur marche dans la mer du Sud, pour tâcher de pénétrer jusqu'aux terres découvertes par Magellan. Je négligerai dans la vue de découvrir le détroit, tous les autres avantages que j'aurais pu me procurer dans les parages de cette mer. Je renonce à tout profit, dans une circonstance où la seule utilité de Votre Majesté doit me diriger. Dieu veuille protéger mon entreprise! puissiez-vous l'approuver, puissé-je être assez heureux pour vous servir avec l'utilité que je désire véritablement!

Les commis nommés pour percevoir les revenus de vos domaines de la Nouvelle-Espagne, sont déjà arrivés, et ont reçu les comptes de ceux que j'avais chargés de cette perception. Le chef de ces commis devant vous faire le détail de notre conduite à cet égard, je n'entrerai point dans ce détail. Je m'en rapporte à celui qu'ils feront, et j'espère que Votre Majesté y trouvera de nouvelles preuves des soins et de la vigilance que j'ai toujours pour la servir : malgré les embarras de la guerre, des révoltes et des séditions, je n'ai omis aucune des mesures nécessaires et des moyens propres à augmenter vos revenus dans ces contrées. Un article de ces comptes prouvera que j'ai dépensé 62,000 piastres d'or des deniers royaux, soit pour soumettre les révoltés, soit pour étendre les domaines de la couronne : je n'ai pris au trésor royal, qu'après avoir dépensé tout mon avoir, et plus de 30,000 piastres que j'ai empruntées; sans cette ressource le service aurait manqué totalement. Mais j'ose assurer que cette dépense ne sera point onéreuse à Votre Majesté, qu'elle lui produira dans peu mille pour un. Vos préposés à la recette, Sire, ne reçoivent point cette dépense en compte, malgré sa légitimité, parce qu'ils prétendent n'avoir point reçu d'ordre à cet égard. J'ose supplier Votre Majesté d'en donner, non seulement pour allouer cette dépense, mais pour me rembourser plus de 50,000 piastres que j'ai prises sur ma fortune, et que je dois rembourser à ceux qui m'ont prêté : car si je ne suis pas incessamment payé de cette somme, je ne pourrai faire honneur à mes affaires et je ne serai pas réduit, je l'espère, à une pareille extrémité; un prince chrétien, juste, grand et magnifique donnera non seulement des ordres pour mon remboursement, mais encore mes travaux et mes services lui paraîtront dignes de récompense.

J'ai appris, par des personnes dignes de foi, et par des lettres d'Espagne, que Votre Majesté n'avait point reçu les effets que je lui adressai par Quignoras et d'Avila, procureurs généraux de la Nouvelle-Espagne, parce que les Français s'en étaient emparés, les ayant rencontrés mal escortés à la hauteur des Açores. J'ai été vivement affecté de cette nouvelle, parce que les objets en étaient également riches et curieux : heureusement que Votre Majesté peut s'en passer. Je vais faire tous mes efforts pour lui en envoyer encore de plus riches et de plus extraordinaires. Pour exécuter en partie mes promesses, je prends la liberté de lui adresser, par un de mes fidèles compagnons, quelques bagatelles, qui furent méprisées lors du premier envoi, mais qui ayant quelques ressemblances avec celles que Votre Majesté devait recevoir, lui en donneront une idée.

Je lui envoie encore une coulevrine d'argent, du poids de 2,450 livres; elle a même un peu perdu de son poids en la fondant, parce qu'elle a été jetée deux fois dans le moule; elle m'a coûté 24,500 piastres pour le métal, à raison de cinq piastres le marc : le fondeur, le graveur, la façon et le transport coûtent plus de 3,000 piastres d'or.

J'ai cru ce présent digne de Votre Majesté et de mon hommage; je la supplie de le recevoir et d'être bien persuadée, par mon ardeur à lui faire le plus petit plaisir, combien j'en mettrais à lui rendre de beaucoup plus importants services. J'ai oublié, non seulement mes dettes dans cette occasion, mais je me suis endetté davantage encore, pour témoigner mon dévouement absolu à mon maître, pour lui prouver que sans les malheurs et les contradictions que j'ai éprouvés, je lui aurais donné des preuves plus éclatantes encore de ma bonne volonté et de mon désintéressement.

J'envoie encore, par la même occasion, soixante mille piastres d'or qui reviennent à Votre Majesté par le compte que j'ai dressé avec vos régisseurs, des deniers perçus. Je me suis hasardé à vous envoyer, en une seule fois, autant d'argent, parce que j'imagine que Votre Majesté doit en avoir besoin par les guerres où elle se trouve engagée et en même temps pour diminuer aux yeux de Votre Majesté l'énormité de la perte qu'elle a essuyée par la prise qu'ont faite les Français.

J'enverrai dans la suite, suivant les occasions, tout ce que je pourrai. Les nouvelles découvertes, l'augmentation journalière de vos domaines produiront des revenus plus considérables et plus assurés, à moins que des obstacles et des contradictions que la jalousie nous a suscités jusqu'à présent, ne se multiplient au point de devenir insurmontables. Je prends la liberté de faire cette observation à Votre Majesté parce que Salazar, arrivé depuis deux jours de Cuba au port de Saint-Jean dans la Nouvelle-Espagne, m'a fait dire qu'il était certain que Velasquez avait séduit le capitaine d'Olid, que j'avais envoyé fonder une colonie ; qu'ils s'étaient ligués ensemble par les liens les plus indissolubles, et que d'Olid avait promis de faire révolter les provinces où il commandait, en faveur de Velasquez.

L'indignité de ce complot et le préjudice qu'il peut porter aux intérêts de Votre Majesté m'empêchent d'une part d'y croire ; mais d'un autre côté, la connaissance que j'ai du caractère de Velasquez, sa jalousie, sa haine, son acharnement à me persécuter, son peu de délicatesse sur le choix des moyens, m'inspirent la plus grande défiance. Quand il ne peut pas faire pis, il met obstacle au passage des secours qui me viennent d'Espagne ; il persécute les Espagnols qui se sont embarqués avec le projet de me joindre ; il exerce sur eux toute sorte de vexations ; il leur prend la majeure partie de leur pacotille ; il les maltraite et les contraint par la violence à faire les déclarations qu'il veut pour recouvrer la liberté. Je vais approfondir la vérité du fait : si Velasquez est coupable, j'entreprends de le faire arrêter et de le faire conduire prisonnier aux pieds de Votre Majesté ; en coupant ainsi le mal par la racine, les branches sècheront et je pourrai ensuite servir Votre Majesté avec plus de tranquillité et d'utilité, poursuivre les entreprises commencées, et en former de nouvelles.

Dans toutes mes lettres, Sire, je vous ai fait connaître le penchant des Indiens à se convertir. Je vous ai demandé sans cesse des missionnaires capables d'instruire et d'édifier, et cependant il n'en est presque point arrivé dans la Nouvelle-Espagne. Je prends la liberté de renouveler mes prières à cet égard ; plus tôt ils arriveront, plus tôt ils convertiront des âmes à Dieu, et rempliront à cet égard les désirs d'un prince aussi chrétien, que l'est Votre Majesté. Quinônes et d'Avila ont dû la supplier, de la part des conseils et de la mienne, de nous envoyer des évêques et des prélats pour diriger le culte divin, les offices et les cérémonies. Il nous paraissait alors que c'était l'établissement le plus convenable ; mais après bien des réflexions, je pense qu'on doit employer une autre méthode pour opérer plus promptement la conversion des Indiens et leur instruction. Mon avis serait donc de faire passer un certain nombre de religieux pleins de zèle, que nous logerions dans des maisons bâties sur les emplacements jugés les plus convenables, en leur donnant une portion de dîmes pour les loger, les nourrir et les vêtir; une autre pour être employée à élever et à décorer d'une manière convenable des églises et des chapelles. Si, avec la permission du pape, pour lever les dîmes, on parvenait à pouvoir en mettre la régie entre les mains des commissaires royaux, ils fourniraient amplement à payer non seulement tous ces objets, mais encore à faire des réserves d'argent, dont Votre Majesté disposerait à sa volonté.

Si au contraire Votre Majesté nous envoie des évêques, ils s'occuperont de donner à leurs créatures, ils acquerront des *majorats* pour leurs enfants et souvent dissiperont leur richesse par une vaine pompe, et p'us souvent encore par une inconduite et par une vie scandaleuse et peu propre à convertir des hommes qui réfléchissent, en comparant la manière de vivre des chanoines et des autres dignitaires ecclésiastiques de nos jours, à la retraite, à la chasteté et à la régularité des ministres de leurs idoles, qui punissaient de mort ceux d'entre eux qui faisaient la moindre faute : s'ils savaient que nous appelons ministres du Dieu vivant ceux qui se livrent aussi indécemment aux excès, aux irrégularités et aux profanations, ils mépriseraient à coup sûr la religion ainsi que ses prêtres. Elle perdrait infiniment à leurs yeux de sa majesté divine, elle produirait en eux des idées fort éloignées de tout ce qu'on voudrait leur prêcher ou leur faire croire. J'ai cru devoir exposer à Votre Majesté mes sentiments sur un objet aussi important, et remplir la principale intention qu'elle doit avoir sur la conversion des Mexicains, et sur la propagation du saint évangile.

Si d'après ces observations, Votre Majesté n'envoie point d'évêques dans la Nouvelle-Espagne, pour donner les ordres, bénir les églises et les ornements, consacrer les saintes huiles et le chrême, elle doit déterminer Sa Sainteté à nommer deux légats dans ces contrées avec les pouvoirs nécessaires pour exercer ce divin ministère et à les choisir parmi les religieux des deux ordres de Saint-François et de Saint-Dominique, que nous y attendons avec les pouvoirs les plus étendus que le Pape puisse accorder dans ces contrées éloignées, où l'homme pécheur, comme partout ailleurs, ne trouverait point, sans cette précaution, tous les secours spirituels dont il a continuellement besoin.

Les dîmes ont été affermées depuis 1523 par quelques villes, d'autres les vendent à l'enchère tous les ans : il y a des provinces où l'on n'en prélève point encore, soit parce qu'on y récolte peu jusqu'ici, ou parce que ceux qui cultivent quelques terres, ont eu tant de dépenses à faire pour défendre leurs propriétés, qu'on les aurait écrasés en levant des impôts sur ceux qui ne retiraient point la mise de leur culture. Si cette conduite de notre part ne satisfaisait point Votre Majesté, elle est suppliée de nous en prescrire une autre que nous suivrons aveuglément.

Les dîmes de cette ville ont été adjugées en 1523 et en 1524 à 5,550 piastres d'or ; celles de Medellin, et de la Vera-Crux, ont été vendues les années antérieures mille piastres d'or, et ne le sont pas encore pour cette année. Je ne sais pas si on a mis les dîmes des autres villes en adjudication ; comme elles sont éloignées d'ici, je n'en ai pas encore reçu de réponses. Le produit de ces dîmes sera employé à bâtir des églises, à payer les curés, les vicaires et les desservants, à acheter des ornements, à subvenir en un mot à toute espèce de dépense dans ce genre. Le trésorier en fera la recette ; les dépenses seront ordonnées par des mandats que je signerai, ainsi que le contrôleur ; et le bordereau de la recette et de la dépense, certifié de nous trois, sera tous les ans envoyé à Votre Majesté.

Je viens d'apprendre encore que les commandants de Cuba ont fait défense, sous peine de mort, de laisser sortir de cette île, ainsi que de toutes les autres pour la Nouvelle-Espagne, des juments et d'autres animaux propres à y multiplier leur espèce. Ils veulent par là nous réduire à la nécessité d'acheter d'eux toute espèce de bestiaux qu'ils nous vendent à un prix excessif. C'est un monopole très vicieux et qui apporte de grands obstacles à la vivification de ces contrées. C'est cependant à la Nouvelle-Espagne que ces îles doivent leur florissante situation. Je supplie donc Votre Majesté de vouloir bien nous envoyer la permission la plus étendue pour extraire des îles tout ce dont nous avons besoin, et faire faire aux officiers qui commandent à Cuba ou dans les autres îles, la plus expresse défense de s'opposer à nos achats.

Car, outre que cette exportation ne leur cause aucun préjudice, le service de Votre Majesté dans la Nouvelle-Espagne, souffrirait beaucoup de leur opposition. Il est impossible de rien faire ici d'avantageux, soit pour peupler les colonies, soit pour les conserver, soit pour en conquérir de nouvelles sans bestiaux, etc. J'aurais pu me venger de la conduite des commandants des îles, et les contraindre à révoquer leur règlement sur l'exportation, en y défendant l'importation qu'ils favorisent, et en protégeant celle qu'ils défendent. Mais il me suffit d'observer, pour démontrer la fausseté de leurs principes, qu'avant l'ouverture du commerce des îles avec le continent, les insulaires ne possédaient pas mille piastres à eux tous, et qu'aujourd'hui ils vivent dans la plus grande opulence.

On a encore le plus grand intérêt d'approvisionner la Nouvelle-Espagne de toutes espèces de plantes d'Europe, parce que le sol y est excellent pour toutes les productions de la nature. Il est donc essentiel que Votre Majesté fasse transporter une grande quantité d'arbustes et d'élèves en tout genre à Séville, et qu'elle oblige chaque vaisseau qui vient dans ces parages, à en charger à chaque voyage un certain nombre pour la Nouvelle-Espagne, où il est essentiel de faire fleurir l'agriculture.

La conquête de ces provinces, les établissements qui y sont, la population, les avantages dont y jouissent les Espagnols, la propagation de la Foi, formant les parties séparées de mon ouvrage, j'ai cru, pour répondre au choix de Dieu et à la confiance de Votre Majesté devoir rédiger et publier des ordonnances générales et locales, dont je vous envoie des copies pour ne pas entrer dans un plus grand détail; je les ai rédigées d'après mes connaissances locales, et je crois qu'il sera très utile d'en maintenir l'exécution, quoique plusieurs articles ne soient point du goût de quelques Espagnols. Par exemple, l'article qui les oblige à former des établissements et à résider dans la Nouvelle-Espagne, en afflige quelques-uns, qui voudraient ravager, détruire, abandonner ensuite ces contrées, et en agir, en un mot, comme on a fait ci-devant dans les îles. C'est à ceux qui connaissent les vices de l'administration des conquêtes précédentes, à remédier à des inconvénients qui ne tendraient à rien moins qu'à priver Votre Majesté de l'augmentation excessive des revenus qu'elle tirera de la Nouvelle-Espagne, quand elle sera bien administrée; je désire au surplus qu'elle fasse examiner ces ordonnances et changer ce qu'elles ont de défectueux. Je me conformerai avec une résignation exemplaire à tout ce qu'il lui plaira d'ordonner; mon devoir est de donner l'exemple de la soumission, et de faire absolument tout ce qui sera le plus agréable à Votre Majesté. Je prendrai sur moi seulement d'ajouter, jusqu'à nouvel ordre, à ce qu'elle me prescrira, ce que les circonstances, l'étendue de ses domaines, le caractère des peuples, la nature du sol, et les nouvelles connaissances que j'acquerrai, exigeront ; et si parfois Votre Majesté apercevait quelques contradictions dans ma conduite, elle peut les attribuer au changement des circonstances.

Que Dieu, Sire, ait en sa sainte garde Votre Majesté et lui accorde l'accomplissement de tous ses désirs.

De la capitale de la Nouvelle-Espagne, le 15 octobre 1524.

Signé FERNAND CORTÈS.

CHAPITRE V

CHAPITRE COMPLÉMENTAIRE

Quelques lignes sont maintenant nécessaires pour compléter le récit de la conquête du Mexique en montrant ce que devint celui qui, à la tête d'une poignée d'audacieux, voulut et sut soumettre à son pays ce vaste empire. Les embarras sans cesse répétés que l'envie suscitait à Cortès et sur lesquels sa correspondance nous donne tant de détails, ne furent pas seulement suscités par ses ennemis de Cuba et des autres îles. Le conquérant occupait une position trop élevée, sa gloire était trop grande, pour que le nombre des jaloux ne fût pas considérable à la cour même de Charles-Quint. L'empereur lui-même ne voyait peut-être pas d'un œil indifférent l'immense renommée que son lieutenant s'était acquise par delà l'Océan. Toujours est-il que la calomnie trouva accès auprès de lui quand elle représenta Cortès comme un sujet qui ne cherchait plus qu'un prétexte pour se déclarer indépendant. L'ordre lui fut donc envoyé d'avoir à revenir en Europe.

Cortès était rentré à Mexico depuis quelques jours après une expédition inutile dans le Honduras, quand le pouvoir administratif et judiciaire lui fut retiré pour passer aux mains d'une *Audience Royale*. Il partit donc pour l'Espagne afin de confondre ses ennemis et de défendre devant Charles-Quint ses services méconnus et oubliés, et débarqua à Palos au mois de mai 1528. Son trajet jusqu'à Tolède où se trouvait la cour ne fut qu'une série d'ovations car l'annonce seule de son retour avait suffi pour produire un revirement complet dans l'opinion publique. L'empereur accorda plusieurs audiences au conquistador; après avoir reconnu l'inanité des accusations formulées contre lui et pour le récompenser de ses services, il érigea pour lui en marquisat la riche et magnifique vallée d'Oaxaca, dont la valeur était estimée 150,000 livres de rente, lui reconnut l'entière propriété de celle d'Atrisco et le décora de l'ordre de Saint-Jacques.

Cortès épousa alors la nièce du duc de Béjar, puis, las de cette vie inactive, repartit en 1530 pour le Mexique. En lui confirmant le titre de vice-roi, l'empereur ne lui avait pas rendu le gouvernement civil que lui avait attribué jadis la junte de la Vera-Cruz. Ce fut pour lui l'origine de tracasseries de toute sorte. Cortès tourna alors son activité vers les expéditions maritimes et celles qu' dirigea sur la côte de l'océan Pacifique depuis la baie de Panama jusqu'au Colorado firent connaître avec exactitude la mer Vermeille ou de Cortès, mais ne furent pour le conquérant qu'une occasion de dépenses considérables. Pendant ces explorations l'envie continuait à le dénigrer à la cour et réussit à le rendre de nouveau suspect à l'empereur qui envoya au Mexique don Antonio de Mendoza avec le titre de vice-roi de la Nouvelle-Espagne.

Cortès reprit alors la route de l'Espagne, espérant confondre une seconde fois ses ennemis et bien décidé à faire valoir ses droits de capitaine général et à obtenir le remboursement des sommes qu'il avait avancées dans l'intérêt de l'État. Ce voyage ne devait pas ressembler au précédent ! L'attention du pays s'était reportée vers les richesses merveilleuses du Pérou ; le peuple le vit avec indifférence et la cour l'accueillit avec froideur. Il est facile d'imaginer les souffrances morales de cet homme fier et audacieux quand, vieilli et humilié, il dut supporter les insolences des ministres et se vit refuser jusqu'à une audience ! Il lutta cependant autant qu'il fut en son pouvoir, et un jour, outré d'être ainsi repoussé, il fendit la foule qui entourait le carrosse de l'empereur et monta sur le marche-pied. Charles-Quint, feignant de ne point le reconnaître, demanda quel était cet homme. « C'est, répondit fièrement Cortès, celui qui vous a donné plus d'états que vos pères ne vous ont laissé de villes ! »

En 1541, il suivit Charles-Quint dans sa désastreuse expédition contre Alger; il se distingua par son courage, mais ses conseils ne furent pas écoutés et il perdit, dans cette occasion, cinq émeraudes magnifiques, souvenirs de ses expéditions au Mexique. Charles-Quint lui avait jadis demandé ces joyaux pour les offrir à l'impératrice, mais Cortès, peu courtisan, les avait refusés, et ce refus ne fut pas une des moindres raisons qui amenèrent sa disgrâce.

Irrité de l'ingratitude de la cour, il se retira dans les environs de Séville et mourut à soixante-trois ans le 2 décembre 1547. Avec lui disparaissait une des plus grandes figures de l'Espagne à cette époque, et sa patrie perdait en lui un éminent patriote. Car il ne faut pas oublier que son expédition fut entreprise pour étendre le domaine de l'Espagne et que, quand il lui fut aisé de se rendre indépendant, il ne voulut jamais se reconnaître autre chose qu'un fidèle sujet de Charles-Quint. Cet homme, vraiment supérieur, fut plus qu'un soldat heureux et audacieux, il se montra législateur et s'efforça de faire pénétrer la civilisation dans les pays qu'il soumit. Son expédition n'eût-elle eu pour résultat que de faire disparaître au Mexique l'usage odieux des sacrifices humains, que le grand capitaine aurait bien mérité de l'humanité. Il ne faut pas non plus oublier avec quel désintéressement il sacrifia sa fortune personnelle au bien public, rare mérite à une époque où sévissait déjà la fièvre de l'or, fièvre qui allait faire massacrer au Pérou tant de millions d'indigènes pour assouvir la soif inextinguible de conquérants impitoyables!

FIN

TABLE

		Pages
Préface.		v
Chapitre prél. — Vie de Fernand Cortès		1
— I. — Résumé des faits contenus dans la première lettre		5
— II. — Deuxième lettre		27
— III. — Troisième lettre		127
— IV. — Quatrième lettre		213
— V. — Chapitre complémentaire		271

F. Aureau. — Imprimerie de Lagny.

www.ingramcontent.com/pod-product-compliance
Lightning Source LLC
Chambersburg PA
CBHW050632170426
43200CB00008B/978